RADELZEIT IN DER LÜNEBURGER HEIDE

Herrlich entspannte Touren zum Runterschalten & Genießen

Alexandra Schlüter

ALEXANDRA SCHLÜTER

ÜBER MICH

Reisen hat für mich auch etwas mit einem besonderen Freiheitsgefühl zu tun. Im Alltag stellt sich das manchmal beim Radfahren ein. Der Sommerwind streicht einem über die Arme, man weiß nicht, was hinter der nächsten Kurve wartet. Die schönsten Pausen sind ungeplant. Das Unspektakuläre ist plötzlich spektakulär. Keinen Plan zu haben, ist manchmal besser als einen vorgefassten. Das ist auf den Hebriden so und in Neuseeland – und eben auch in der Lüneburger Heide. Darüber schreibe ich. (www.alexandra-schlueter-books.de)

Meine persönliche Radelweisheit:

» **Anstrengend wird's, wenn der Wind in den Speichen pfeift.**

LIEBE LESERIN, LIEBER LESER.

Was das Schönste an der Lüneburger Heide ist? Die Weite! Und so radelt es sich auch – mit Blick zum Horizont. Während der Blütezeit kann man so viel Lila manchmal gar nicht fassen. Aber natürlich ist die Lüneburger Heide viel mehr: Immerhin reicht sie von der Aller bis an die Elbe.

Daher geht es in diesem Buch auch durch die Elbmarsch und verwunschene Auen, durchs Wendland, an wogenden Feldern entlang. Man radelt durch Wälder, rastet in idyllischen Dörfern. Erkundet Klöster und Fachwerkstädte. Folgt kleinen Heideflüssen, picknickt an Mühlen. Hört Störche klappern und Heidschnucken rascheln, von denen man nie genau weiß, wann und wo man sie trifft.

Eine herrlich entspannte Radelzeit wünscht

INHALT

UND SONST SO?

UNTERWEGS AUF DEN SCHÖNSTEN STRECKEN …

NICHT WEITERSAGEN

» Weseler und Wehlener Heide sind nicht ganz so bekannt wie ihre großen Schwestern, aber sie verzaubern genauso. Vor lauter Schönheit fährt man ganz langsam. Tour 4, Heiderundtour von Undeloh, Seite 44

WEITET DEN HORIZONT

» Einen der schönsten Blicke über die Heide hat man vom Suhorn. Begleitet von einem Vogelorchester, fährt man im Frühling auf dem Höhenzug entlang. Tour 1, Rundtour von Oberhaverbeck über Schneverdingen, Seite 14

WETTFAHRT MIT KÄHNEN

» An windstillen Tagen saust man grandios auf dem Deich am Elbe-Seitenkanal entlang, während Frachtkähne Richtung Elbe vorbeiziehen. Das ist Radel-Flow. Tour 9, Von Scharnebeck durch die Elbmarsch, Seite 94

GIPFELGLÜCK

» Der höchste Berg, das ist klar, auf den muss man rauf. Während der Heideblüte strampelt man durch ein lila Meer – auch sonst ein Traum. Tour 3, Große Heiderunde über den Wilseder Berg, Seite 34

ALLERLIEBSTE ALLER

» Weiden säumen das Allerufer, Altarme ziehen sich durch die Auen. Und man kommt am Kloster Wienhausen vorbei, eins der sechs alten berühmten Heideklöster. Tour 17, Aller-Radweg von Celle nach Gifhorn, Seite 174

LILA TEPPICH

» Grillen zirpen, Bienen summen, Sommerradeln. Von der Tiefentaler Heide in die Misselhorner Heide fährt man von einem Heidetraum zum nächsten. Tour 13, Von Hermannsburg durch die Südheide, Seite 134

GROSSES ELBEGLÜCK

» Der blaue (manchmal graue) Strom, die unendliche Weite, Störche und kleine Buchten – das ist die Strecke von Damnatz bis Penkewitz an der Elbe. Tour 19, Rundtour von Dannenberg durch die Elbtalaue, Seite 194

ALLE TOUREN IM ÜBERBLICK

Schwerin
Crivitz
Goldberg
Zarrentin am Schaalsee
Lübz
Parchim
Hagenow
Ludwigslust
Lübtheen
Putlitz
Lenzen (Elbe)
IM ELBELAND #19
Dannenberg
SCHAU INS LAND #20
Wittenberge
Bad Wilsnack
Lüchow
#18 KOMM, LIEBER MAI
Salzwedel
Arendsee
Osterburg
Havelberg
Wittingen
Bismark (Altmark)
Arneburg
Klötze
Stendal
Gardelegen

... UND AUCH PAUSE MACHEN NICHT VERGESSEN

FLUSSGEFLÜSTER

» Wenn im nahen Restaurant alle Tische besetzt sind, kann eine Rast am Ufer der Ilmenau sogar viel erholsamer sein. Man kann sich hinlegen, während das Schilf im Wind raschelt. Tour 7, Stopp 6, Seite 80

FÜR VERLIEBTE UND ANDERE ROMANTIKER

» Wo es in der Heide am romantischsten ist, lässt sich gar nicht sagen. Es gibt so viele Flecken, an denen man vor lauter Lila und auch sonst sehr glücklich ist. Tour 3, Stopp 1, Seite 37 & Tour 13, Stopp 7, Seite 141

HANDEL UND WANDEL ...

» ... gab's in Lüneburg schon immer. Zu Zeiten der Hanse natürlich anders als heute: Mit einem Kaffee schlendert man über den (vielleicht) schönsten Markt Norddeutschlands. Tour 8, Stopp 1, Seite 87

KAFFEE AM FLUSS

» Mit Blick auf die Elbe kann eine kurze Pause schnell mal ein paar Stunden dauern. Wie im Elbcafé in Damnatz mit Buch in der Hand unterm Sonnenschirm. Tour 19, Stopp 4, Seite 200

WIE DIE HEIDJER LEBTEN

» Im Museumsdorf Hösseringen steht der Brümmerhof, der prächtigste alte Hof der Lüneburger Heide. Dort sitzt man auf Picknickbänken unter einer hohen Eiche. Tour 12, Stopp 4, Seite 129

ABENDS AM SEE

» Was gibt es Schöneres, als nach einer langen Radtour im Sommer zu schwimmen? Eben: nicht viel. Und so taucht man am Südstrand in den Gartower See. Tour 20, Stopp 7, Seite 211

WEIL'S SO FRIEDLICH IST

» Eine Pause, bevor die Radtour überhaupt losgeht, macht man im Klostergarten von Walsrode. Zum Beispiel auf einer Baumbank unter der Kastanie. Tour 15, Stopp 1, Seite 157

EINFACH LOSRADELN

DIE RADELPAUSEN

»START
Parkplatz Oberhaverbeck

KM 1,5
1 Auf dem Suhorn
Den Blick schweifen lassen

KM 8,5
2 Hof Tütsberg
Schlemmen im Idyll

KM 15
3 Hof Möhr
Zauberhafte Streuobstwiese

FRÜHLING IN DER HEIDE

Große Runde zwischen Oberhaverbeck und Schneverdingen

Weiter Blick und gelb leuchtender Ginster. Vogelkonzerte und eine märchenhafte Streuobstwiese. Ein Holzsteg führt durch ein Moor mit schwarzen Gewässern. Unterwegs schmecken Spargelsalat und Schinken aus der Region. Und spätnachmittags quaken Frösche an einem kleinen See um die Wette.

KM 19
4 Mystisches Pietzmoor
Auf dem Holzsteg

KM 25
5 Heidegarten am Höpen
Rast in Rosa

KM 31,5
6 Sylvestersee
Fulminantes Froschkonzert

KM 39,5 » ZIEL
Parkplatz Oberhaverbeck

NIE LEUCHTEN DIE GRÜNTÖNE INTENSIVER

» Die Bäume begrüßen den Frühling mit frischen Blättern. Eichen, Vogelbeeren und Buchen rascheln einem zu. Die Heide breitet sich vor einem aus, noch blüht sie nicht, aber die Fläche beeindruckt auch so. Dunkelgrüne Wacholder ragen aus ihrem rostbraunen Teppich. Es sind Ziegenmelker, deren Gesang an das Gezirpe von Grillen erinnert. Hinein mischen sich unzählige weitere Vogelstimmen. Am Wegrand duften Weißdornhecken.

Vom Vogelbeobachtungsposten am **Suhorn** hat man einen grandiosen Blick über die Ebene. Dort hat die Wümme ihren Ursprung. Man lässt sich einfangen von dem, was die Lüneburger Heide ausmacht: die Weite, das Gefühl, fernab vom Rest der Welt zu sein. Ginster taucht Wegränder in leuchtendes Gelb. Ein Reh springt über den Weg, ein Hase hoppelt im Zickzack davon. Das gesamte Naturschutzgebiet Lüneburger Heide hat eine Fläche von 23 400 Hektar, durch die sich unzählige Rad-, Wander- und Reitwege ziehen. Diese sollte man nicht verlassen, da das Wohl der Tiere und Pflanzen Vorrang hat.

DIE LUFT SCHWIRRT VON VOGELSTIMMEN, EIN KLANGTEPPICH, IN DEM MAN VERSINKEN KÖNNTE

Am **Hof Tütsberg** lockt eine Terrasse mit guter, regionaler Speisekarte. Auf dem **Hof Möhr** hat die Alfred Toepfer Akademie für Naturschutz eine Streuobstwiese angelegt, und am **Pietzmoor** kurz vor Schneverdingen erkundet man das Moor mit seinen dunklen Gewässern. Spätestens im **Heidegarten am Höpen** sieht man die Welt durch eine rosarote Brille. In der Osterheide trifft man mit Glück auf eine Heidschnuckenherde. Die robusten Schafe sind optimal an die karge Vegetation angepasst. Früher waren sie die Lebensgrundlage der Heidebauern. Sie lieferten nicht nur Wolle, Milch und Fleisch, sondern auch Dung für die sandigen Böden.

Majestätische Eichen breiten ihre Zweige aus, als wollten sie die Welt umarmen. Das steckt an. Am **Sylvestersee** lauscht man einem Froschkonzert. Im Niederhaverbecker Holz knacken Kiefernzapfen unter den Reifen, es riecht nach Frühlingswald, ein Kuckuck ruft. Eins steht dann längst fest: Die Lüneburger Heide ist viel mehr als lila Blütenschein im Sommer. Sie berührt zu jeder Jahreszeit. «

Der Frühling in der Heide leuchtet ginstergelb.

Das Vogelgezwitscher muss man sich dazudenken.

Wahrzeichen der Lüneburger Heide: Heidschnucken.

RADELN & GENIEßEN

»START

Parkplatz Oberhaverbeck

Vom Parkplatz etwa 200 Meter Richtung Heide. Rechts abbiegen und die kleine Anhöhe hinauf. Der Beschilderung Heideschleife Tütsberg (über Wümmeberg) folgen.

Am Suhorn: Fernglas nicht vergessen.

KM 1,5

1 **Auf dem Suhorn**

Den Blick schweifen lassen

Die Aussicht von der lang gezogenen Anhöhe am Suhorn ist eine der schönsten in der ganzen Lüneburger Heide. Heide, Magerrasen und Moor bilden offenes, weites Land, das unterschiedlichen Vögeln Lebensraum bietet, darunter so seltene Arten wie das Birkhuhn, das in Niedersachsen nur noch in der Lüneburger Heide vorkommt und das Heideflächen für die Balz sowie Büsche für die Aufzucht der Jungen braucht. Oder der Neuntöter, ein Zugvogel, der von Mai bis August in der Gegend weilt. Er spießt die Insekten, die er fängt, zur Aufbewahrung auf Dornen. Der Große Brachvogel sucht dagegen auf feuchten Böden mit seinem langen Schnabel nach Würmern. Außerhalb der Saison und unter der Woche herrscht dort tiefer Friede, ein besonderer Ort auch für Nichtvogelkundige.

Dem Weg die Anhöhe hinunter folgen, die Haverbeeke queren, an der Kreuzung links. An der ersten Gabelung wieder links den Wümmeberg hinauf, Beschilderung Richtung Tütsberg. Am Hof Tütsberg rechts in ein kleines Sträßchen, das zum Hotel und Restaurant hinunterführt.

Heidepause am Hof Tütsberg.

Bauerngarten und Streuobstwiese auf Hof Möhr.

GARTENTRÄUME MACHEN GLÜCKLICH

KM 8,5

2 Hof Tütsberg
Schlemmen im Idyll

Inmitten von Heide und Wald: Romantischer kann ein Hof nicht liegen. Der Verein Naturschutzpark Lüneburger Heide betreibt hier eine ökologische Landwirtschaft und setzt sich für den Erhalt der biologischen Vielfalt ein. Das Naturschutzgebiet ist die größte zusammenhängende Heidefläche Norddeutschlands, in der viele seltene Tierarten wie die Gebänderte Heidelibelle oder die Schlingnatter vorkommen. Auf dem Tütsberg standen schon im 16. Jahrhundert kleine Hofstellen, im 20. Jahrhundert entstand daraus ein Gut. Zum Hof gehören eine eigene Heidschnuckenherde, die tagsüber mit ihrem Schäfer frei in der Heide umherzieht, sowie ein Hotel mit Restaurant und sonniger Terrasse. Da sitzt man dann und genießt, umgeben von nichts als Natur. (www.tuetsberg.de)

Denselben Weg zurück bis zur ersten Kreuzung, links, Beschilderung Richtung Schneverdingen und Hof Möhr. An der Bundesstraße B 3 links und ein Stück auf dem Radweg. Den ersten Weg nehmen, der auf der gegenüberliegenden Seite abzweigt.

KM 15

3 Hof Möhr
Zauberhafte Streuobstwiese

Die Alfred Toepfer Akademie für Naturschutz hat ihren Sitz auf einem versteckt gelegenen Backsteinhof. Es lohnt sich, über das Gelände zu streifen. Überall stehen Infotafeln, die Zusammenhänge in der Natur erläutern. Man schlendert durch einen Bauerngarten mit Stauden und Heilkräutern: Storchschnabel, Jakobsleiter, Echtes Herzgespann. An einer Spalierwand rankt ein Birnbaum empor. Aber am schönsten ist ein Spaziergang über die Streuobstwiese, besonders dann, wenn die Apfelbäume blühen. Sie tragen die Namen alter Sorten, die man nicht mehr oft hört, wie Coulons Renette oder Uelzener Rambour. Hier schnuppern, dort dem Summen der Bienen lauschen, so verstreicht die Zeit in dem kleinen Paradies. In der Nähe führt der Uhlenstieg durch Wald und Moor, der weitere Einblicke in die Landschaft gibt.

Am Hof vorbei, über den Bohlenstieg durchs Möhrer Moor, zunächst Richtung Schneverdingen. Dann der Beschilderung Richtung Pietzmoor folgen. Am Parkplatz Osterheide (Heberer Straße) die L 170 queren. Auf der anderen Seite immer geradeaus bis zum Pietzmoor.

Bohlen über schwarzem Wasser.

KM 19

4 Mystisches Pietzmoor

Auf dem Holzsteg

Um in die Welt des Hochmoors einzutauchen, lässt man sein Rad stehen und wandert auf dem fünf Kilometer langen Rundweg, zum größten Teil über einen Steg aus Holzbohlen. Was für eine magische Welt, still auf den ersten Blick, aber doch voller Leben. Dort haben sich im Frühling bereits die Männchen der Moorfrösche zur Paarung blau gefärbt, ein seltenes Spektakel, das nur einige Tage währt und für das es warm sein muss. Später werden Moorlilien und Sonnentau blühen, eine insektenfressende Pflanze. Das Pietzmoor ist vor etwa 9000 Jahren entstanden. Bis in die 1960er-Jahre stachen die Menschen dort Torf. Heute steht das größte zusammenhängende Moor der Lüneburger Heide unter Naturschutz und leistet als CO_2-Speicher einen unschätzbaren Dienst für das Klima.

Zurück über Heberer Straße. Am Rand der Osterheide ein kurzes Stück Richtung Schneverdingen, bei der ersten Möglichkeit rechts. Nach Norden bis zur K 53, auf dieser links. Vor der Eisenbahnbrücke rechts durch Kiefernwald bis zur nächsten Abzweigung. Links und über Brücke bis zur L 171. Auf der anderen Seite Beschilderung zum Heidegarten.

KM 25

5 Heidegarten am Höpen

Rast in Rosa

In der Lüneburger Heide blüht im Sommer vor allem Besenheide (Calluna vulgaris). Dort, wo es feuchter ist, in Bachtälern oder Mooren, wächst auch gern Glockenheide (Erica tetralix). Aber natürlich gibt es auf der Welt noch viel mehr Heidearten, im Heidegarten am Höpen in Schneverdingen hat man etwa 180 angepflanzt. Im Frühling blüht noch nicht allzu viel, die weiße Alpina ist eine der Ersten. Aber bald geht es richtig los. Dann leuchtet Sommergold rot und Heathwood rosa, später im Jahr kommen karminrote und purpurfarbene Arten dazu. Von einem Aussichtsturm blickt man über das Rondell (Overbeckstraße in Schneverdingen, ganzjährig geöffnet). Danach geht's zum Café Schafstall-Heidegarten gleich nebenan, wo man in einem sehr netten Biergarten sitzt. (schafstall-heidegarten.de)

Den Schildern durch die Höpener Heide Richtung Bahnhof Wintermoor folgen. Am Heide-Kiosk Höpen die L 171 queren. Im Bogen zurück durch die Osterheide, wieder die K 53 queren, erste Möglichkeit links, Beschilderung zum Sylvestersee.

Eine der ersten im Jahr: die Alpina.

Sylvestersee: von Pause zu Pause.

KM 31,5

6 Sylvestersee

Fulminantes Froschkonzert

Wie schön, wenn man an einem kleinen See noch einmal innehalten kann. Umgeben von der Landschaft, durch die man den ganzen Tag fährt. Über weite Strecken scheint sie völlig unberührt, doch der Eindruck täuscht: Tatsächlich ist die Lüneburger Heide eine alte Kulturlandschaft. Ohne den Eingriff von Menschen beziehungsweise Schafen würde sie innerhalb weniger Jahre verbuschen und schließlich verwalden. In der dichten Krautschicht leben Wildbienen, Ameisen und unzählige Spinnenarten. Das meiste von dem Gewusel nimmt man gar nicht wahr. Auch im und um den See herum ist einiges los. Vielleicht flitzen Wasserläufer oder Rückenschwimmer vorbei. Untermalt von einem lautstarken Froschkonzert der Teich- und Seefrösche. Ein Tag in der Heide öffnet die Sinne für die Natur, denkt man, während man barfuß im frühlingskalten Wasser umherwatet.

Weiter nach Norden bis zur K 53, auf dieser rechts bis zur B 3. (Vorsicht beim Überqueren der Bundesstraße, Verkehr ist man nicht mehr gewöhnt.) Auf der anderen Seite an der Gabelung links. Auf dem Spitzbubenweg, später Leine-Heide-Radweg, durch Wald bis nach Niederhaverbeck. Auf der Landstraße ein kurzes Stück Richtung Oberhaverbeck, dann rechts in einem kleinen Bogen durch die Heide zurück zum Ausgangspunkt.

EXTRA INFOS:

Von Mitte Juli bis Mitte Oktober fährt der ● **Heide-Shuttle** Personen und Räder auf fünf Ringen kostenlos durch die Heide (naturpark-lueneburger-heide.de > Heide-Shuttle). Wem zum Beispiel die obige Tour zu lang ist, der kann von Schneverdingen mit dem Bus auf Ring 1 nach Oberhaverbeck zurückfahren. So lassen sich die tollsten Routen miteinander kombinieren, und auch längere Strecken sind gut möglich.

Eine Radtour ist nicht genug? Wer in der Gegend gleich einen Urlaub oder ein langes Wochenende verbringen möchte, der findet am ● **Stimbekhof** in Oberhaverbeck eine malerische Unterkunft. (Nur nach vorheriger Reservierung, www.stimbekhof.de). Auf dem weitläufigen Gelände des reetgedeckten Hofs genießt man die Ruhe oder steigt noch mal aufs Rad. Zum Beispiel für Tour 3, die dort vorbeiführt.

KM 39,5 » ZIEL

Parkplatz Oberhaverbeck

Stimbekhof: geborgen unter alten Bäumen.

AUF EINEN BLICK:

» **Start/Ziel:** Parkplatz Oberhaverbeck (Wohnmobilstellplatz), wenn man mit dem Auto anreist. Oder Bushaltestelle Heide-Shuttle: Oberhaverbeck ist z. B. mit zweimal Umsteigen von Lüneburg oder Buchholz i. d. Nordheide aus zu erreichen.

» **Strecke/reine Radelzeit:** 39,5 km (Rundtour), 3 Std. 45 Min.

» **Höhenmeter:** ↗73 m ↘73 m

» **Wegbeschaffenheit:** Meist gut befahrbarer Schotter. Zwei, drei kurze, sandige Abschnitte können bei Trockenheit tief werden, breitere Reifen sind von Vorteil. Ansonsten kurz absteigen und schieben.

» **Beste Zeit:** Frühling ist pure Lebensfreude; die Faustregel für die Heideblüte ist: Etwa vom 8. 8. bis 9. 9. blüht's; Herbst und Winter können auch sehr stimmungsvoll sein.

» **Mitnehmen:** Fernglas, Picknick, Pflanzenbestimmungsbuch.

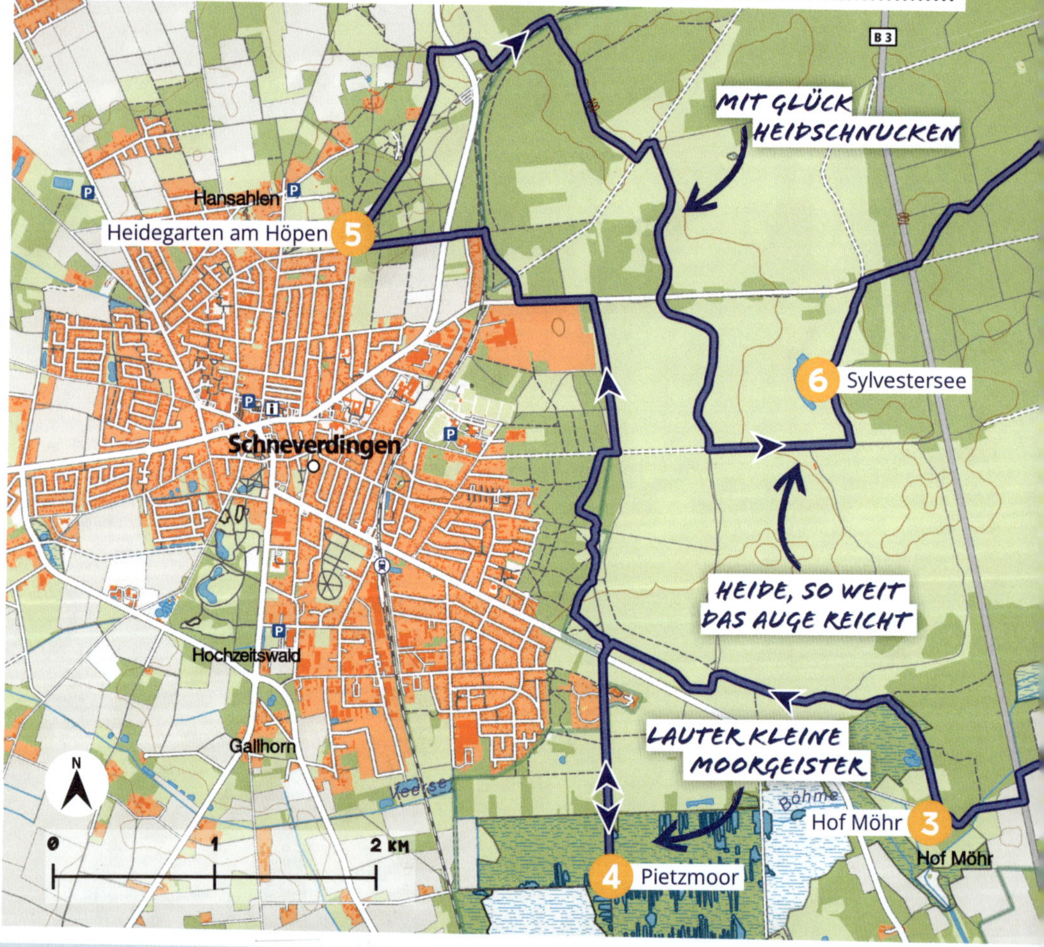

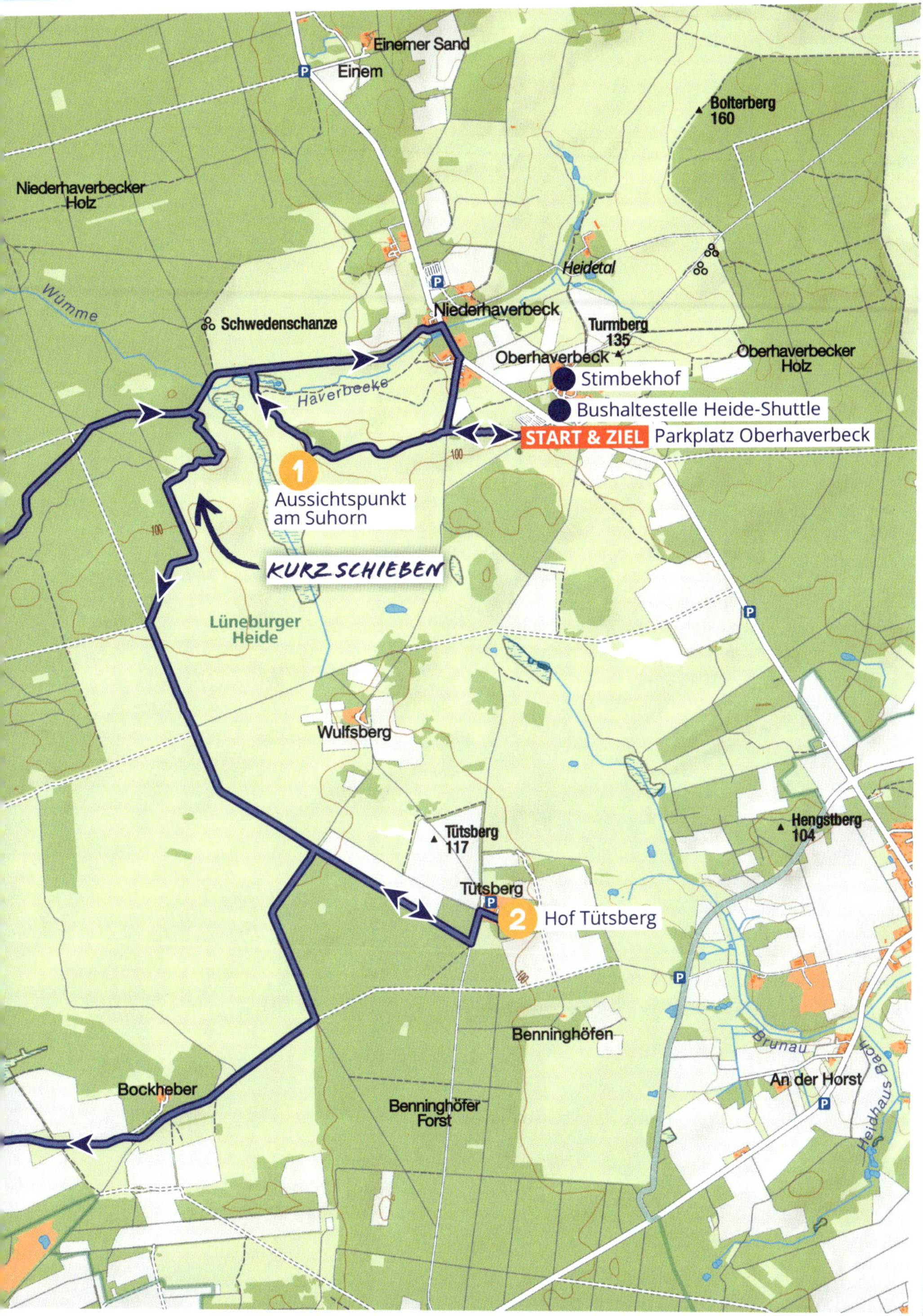

Einemer Sand
Einem
Bolterberg
160
Niederhaverbecker
Holz
Heidetal
Wümme
Schwedenschanze
Niederhaverbeck
Turmberg
135
Oberhaverbeck
Oberhaverbecker
Holz
Stimbekhof
Haverbeeke
Bushaltestelle Heide-Shuttle
START & ZIEL
Parkplatz Oberhaverbeck
1
Aussichtspunkt
am Suhorn
KURZ SCHIEBEN
Lüneburger
Heide
Wulfsberg
Tütsberg
117
Hengstberg
104
Tütsberg
2
Hof Tütsberg
Benninghöfen
Brunau
An der Horst
Heidhaus Bach
Bockheber
Benninghöfer
Forst

DIE RADELPAUSEN

» START
Bushaltestelle Heide-Shuttle Bispingen

KM 5
1 Luhequelle
Beim Froschkönig

KM 15,5
2 Steinbecker Badesee
Vormittagsidyll

KM 23
3 Frau Harms Kaffeehaus
Jasminduft im Garten

DEM FLUSS LAUSCHEN 2

Auf dem Luhe-Radweg von Bispingen nach Salzhausen

Einem Fluss von der Quelle an zu folgen, ist immer ein Erlebnis. An jahrtausendealten Kultstätten innezuhalten erst recht. Wenn man zwischendurch noch schwimmen kann, idyllische Rastplätze findet und an einem Naturwunder staunt, dann war man wirklich auf einer abwechslungsreichen Tour unterwegs.

KM 23,5

4 Schwindequelle
Im Feenwald

KM 27

5 Soderstorfer Mühle
Müllers Lust

KM 35,5

6 Oldendorfer Totenstatt
Gruß aus der Steinzeit

KM 47,5 » ZIEL

Salzhausen, Bushaltestelle Heide-Shuttle (gleich am Ortseingang)

LAUSCHIGER WALD UMSPIELT ALLE SINNE

» Wenn man hinter Bispingen die **Luhe** das erste Mal quert, ist sie so schmal, dass sie völlig geräuschlos fließt. Neugierig macht man sich auf den Weg zu ihrer **Quelle**. Von dort schlängelt sich das Flüsschen 58 Kilometer durch die Lüneburger Heide. Wieder in Bispingen, begleitet man die Luhe aus dem Ort hinaus. Im Wald im Spöktal hat es vielleicht früher gespukt (»spöken« ist plattdeutsch für »spuken«). In **Steinbeck** lockt am Ortsrand ein Badesee.

In Wald und Flur verbergen sich Geschichten aus alten Zeiten, als sich vor 3000 Jahren 13 Richter an einem Steinkreis mit 13 Steinen trafen. Wenn man das nächste Mal die Luhe quert, ist sie bereits breiter und schneller geworden. Sie plätschert und gluckst jetzt, sorgt für Feuchtwiesen und -wälder. An einigen Abschnitten leben Fischotter, mit Glück erspäht man einen Eisvogel. In Schwindebeck fühlt man sich in **Frau Harms Kaffeehaus** herzlich willkommen. Nicht weit entfernt liegt die **Schwindequelle** in einem zauberhaften Hain. An der Luhe In **Soderstorf** steht eine der romantischsten **Mühlen**, auch wenn sie schon lang nicht mehr mahlt.

EINE KASTANIE BREITET IHRE ÄSTE ÜBER DEN REISSENDEN MÜHLENBACH

Man muss aufpassen, dass man hinter Soderstorf nicht an der vorzeitlichen Nekropole vorbeifährt. Zwei mächtige Wacholder wachen dort über Grabstätten, die von der Stein- und Bronzezeit bis in die römische Zeit hinein angelegt wurden. In Wohlenbüttel klapperte auch einst eine Mühle. In der Nähe verlief bereits 1069 eine Handelsstraße zwischen Hannover und Lüneburg. An der Furt über die Luhe konnten die Händler mit ihren Fuhrwerken die Pferde tauschen.

Die Mühle in Oldendorf gab es schon im 16. Jahrhundert, sie ist heute noch in Betrieb. Zwei Turbinen laufen mit Luhewasser und liefern einen Teil der Energie. Etwas stromaufwärts mündet die Lopau in die Luhe. Dort versank einst ein Silberschatz – und wurde noch nicht gehoben. In der **Oldendorfer Totenstatt** geht es ähnlich sagenhaft weiter. In Putensen fährt man ein letztes Mal über die Luhe, schaut ihr hinterher auf ihrem Weg zu Ilmenau und Elbe. Dann nähert man sich Salzhausen. «

Schön, aber giftig. Fingerhut an der Luhequelle.

Klapperte früher an der Luhe: die Mühle in Wohlenbüttel.

Urzeitliche Mythen in den Wäldern der Heide.

RADELN & GENIEßEN

»START
Bushaltestelle Heide-Shuttle Bispingen

Rechts auf dem Kirchweg. Vor der Ole Kerk Beschilderung Luhe-Radweg (blaues »L«) Richtung Soltau folgen. Über die Luhe, dahinter bei erster Gelegenheit rechts, gleich wieder rechts. An der Landstraße links, Schild zum Abenteuerspielplatz Luhegrund, dann zur Luhequelle folgen. Kurz vorm Bahnübergang links zur Quelle.

KM 5

1 Luhequelle
Beim Froschkönig

Wieso gerade hier? Die Luhe entspringt mitten im Wald.

Am besten, man schiebt sein Rad den Pfad zum Quellteich hinauf, der sich dort gebildet hat, wo das Wasser aus dem Boden tritt. Er liegt mitten im Wald, eingebettet in dichtes Grün. Birken und Kiefern spiegeln sich im dunklen Wasser. Die Quelle wurde 1879 entdeckt, damals umgeben von weiten Heideflächen, die später aufgeforstet wurden. Am Ufer wächst Sternmoos. Kaum sammelt sich das Wasser, wird es zum Lebensspender. Braune Falter flattern über Schilf und Gräser, Blauflügel-Prachtlibellen schwirren umher. Man würde sich nicht wundern, wenn plötzlich der Froschkönig mit seiner goldenen Kugel auftauchte. Also bleibt man noch ein bisschen. Auf ihrem Weg den Hügel hinunter verschwindet die Luhe erst einmal wieder. Die ersten Kilometer fließt sie unterirdisch, bevor sie kurz vor Bispingen wieder auftaucht.

Zurück zur Landstraße (Töppinger Straße). Links auf direktem Weg nach Bispingen. An der Hauptstraße rechts, geradeaus weiter (geht in Borsteler Straße über). Auf Trift rechts. »L« Richtung Steinbeck/Hützel folgen. In Hützel rechts in den Raubkammerweg, links auf Spöktal etwa zwei Kilometer durch Wald. Auf Hinter der Luhe links nach Steinbeck. Wieder links auf Hegersgarten zum Badeteich.

Verführerisch: Die Luhe speist den Badeteich.

PASST GUT ZUSAMMEN: RADFAHREN UND SCHWIMMEN

KM 23

3 Frau Harms Kaffeehaus

Jasminduft im Garten

Drinnen erinnert das gemütliche Café an Großmutters Zeiten, draußen im ruhigen Garten duftet es nach Jasmin. Die Besitzerin hat bunte Gartenmöbel aufgestellt, sie bietet Kaffee und hausgebackenen Kuchen an, aber auch süße und herzhafte Buchweizencrêpes, zum Beispiel mit Ziegenkäse, Birne und Nuss. Eine Oase, in der man fast das Weiterfahren vergisst. Eine Gästewohnung mit Kaminofen gibt es auch, für alle, die am liebsten bleiben und am nächsten Tag die Schwindebecker Heide mit dem Feldherrenhügel erkunden wollen. (frau-harms-kaffeehaus.de)

Links weiter bis zur Schwindequelle (liegt links von der Straße).

KM 15,5

2 Steinbecker Badesee

Vormittagsidyll

An heißen Tagen eine willkommene Erfrischung: ein Badeteich. Umgeben von Bäumen, die an sonnigen Tagen Schatten spenden, mit einer Wiese, auf der man sofort gerne sein Handtuch ausbreitet und sein Picknick aus dem Rucksack holt. Über den See führt ein Holzsteg, auf dem man sich sonnen kann. Es gibt einen kleinen Sandstrand, eine Rutsche ins Wasser, eine Schwimminsel und ein Beachvolleyballfeld, sprich: alles, was sich das Herz an einem Sommertag nur wünschen kann. Und unter der Woche vor Schulschluss hat man den kleinen See fast für sich allein.

Zurück auf Hinter der Luhe. Am Krüsberg links, links auf Über der Luhe. Auf Hans-Christoph-Seebohm-Ring links, nach 600 Metern, noch vor der Luhe, rechts Richtung Schwindebeck. Nach drei Kilometern an der kleinen Heidefläche links, über die Luhe, bis Schwindebeck. Im Ort rechts, kurz auf der Landstraße, dann links auf Zur Schwindequelle.

Kaffeehaus mit Liebe zum Detail.

KM 23,5

4 Schwindequelle
Im Feenwald

Das Naturwunder liegt etwas versteckt in einem Wäldchen. 60 Liter Wasser pro Sekunde drücken aus dem sandigen Grund nach oben. Sie bilden einen glasklaren kleinen Teich, geologisch Quelltopf oder Tümpelquelle genannt. Wer genau hinsieht, bemerkt die kleinen Sandwolken, die unter Wasser aufgewirbelt werden. Eisenoxidablagerungen färben den Teichgrund rötlich, Mangansulfide türkis. So schimmert es mitten im Wald, in dem es Waldschnepfen gibt und der verwunschen wirkt wie ein Spielplatz für Feen. Die zweitwasserreichste Quelle Niedersachsens hat eine konstante Temperatur von neun Grad, sodass sie auch im Winter nicht zufriert. Mit dem Schwindebach gluckst das Wasser Richtung Luhe davon.

Links weiter, bei erster Gelegenheit rechts. Auf Feldweg in großem Rechtsbogen nach Soderstorf. Bei Nässe oder starker Trockenheit eventuell stellenweise schwierig zu befahren. Alternative: drei Kilometer auf der Landstraße links bis Soderstorf. Im Ort an der Kreuzung rechts in die Mühlenstraße. Die Mühle liegt vor der Luhebrücke rechts etwas versteckt. Fahrrad oben stehen lassen oder die Treppe hinuntertragen.

Quellwasser im Märchenwald.

Die Luhe trieb auch diese Mühle an.

KM 27

5 Soderstorfer Mühle
Müllers Lust

Mühlen beflügeln die Fantasie. An einem kleinen Fluss waren sie nie fern. Heute sind es nostalgische Orte, früher waren sie existenziell. Wenn das Korn nicht gemahlen wurde, gab es kein Brot. 1478 wurde die Soderstorfer Mühle das erste Mal erwähnt. Jahrhundertelang wurde dort Roggen und Weizen zu Mehl, Schrot und Grütze gemahlen; aber auch Gerberlohe hergestellt, das waren Rinde und Blätter von Bäumen, die zum Gerben von Leder verwendet wurden. Ein alter Mahlstein erinnert an die Zeit. Das ehemalige Backhaus steht etwas abseits. Die Luhe staut sich in einem großen Teich, von dem noch heute der Mühlbach abzweigt. Dieser trieb das imposante Wasserrad an. Historische Gerätschaften stehen an den Wänden. Mühlen konnten nicht nur mahlen, sondern auch sägen, walzen und hämmern. Ein stimmungsvoller Ort für ein Mühlenpicknick.

Zurück zur Kreuzung, rechts, auf der Wohlenbütteler Straße rechts. Bei der T-Kreuzung rechts, bei der nächsten Kreuzung wieder rechts. Über die Luhe, links auf Wohlenbüttel. An hübschen Häusern und am Wegende an Pollern vorbei (Weg geht weiter, auch wenn es nicht so aussieht). Dahinter gleich links auf dem Alten Postweg (holprig, lohnt sich aber). Links über die Luhebrücke, bis zur Landstraße, links bis Oldendorf. Rechts auf Marxener Straße. Hinter der Luhe rechts, Beschilderung zur Oldendorfer Totenstatt.

KM 35,5

6

Oldendorfer Totenstatt

Gruß aus der Steinzeit

Dort liegen sie, umgeben von Heide: steinzeitliche Hünengräber, bis zu 80 Meter lang. Infotafeln erläutern, was sie einst bargen. Tassen mit geschwungenem Henkel und Krüge, unter anderem aus der Trichterbecherkultur, in der man an ein Leben nach dem Tod glaubte. Pfeilspitzen und Werkzeuge aus Feuerstein, dem Stahl der Steinzeit, sogar eine Bernsteinperle, die auf Handel mit dem Ostseeraum schließen lässt. Man staunt über das Leben unserer Vorfahren vor mehr als 3000 Jahren und wandelt auf Sandpfaden über den mystischen Ort. Auf den Grabhügeln stehen alte Eichen, die Heide geht in Kiefernwälder über. In Oldendorf gibt das kleine Archäologische Museum am Wochenende Auskunft über die urzeitliche Geschichte, die im Luhetal um 3700 v. Chr. begann. (www.museum-oldendorf.de)

Zurück auf die Marxener Straße. Kurz rechts, links auf den Wetzener Weg. Nach zwei Kilometern Am Butterberg links, etwa drei Kilometer nach Wetzen. Dorfstraße queren, weiter etwa drei Kilometer auf Am Butterberg, später Wetzer Weg. An der Kreuzung links auf die Luhestraße bis Putensen. Über die Luhe, auf Amelinghäuser Straße rechts. Immer geradeaus bis Salzhausen.

EXTRA INFOS:

Jetzt ein Eis, hausgebackenen Kuchen oder lieber schwimmen gehen? Oder doch erst eine der schönsten alten Heidekirchen besuchen? Geht in **Salzhausen** alles. Im ● **Waldbad** (www.salzhausen.de/tourismus-freizeit/waldbad-salzhausen) und im historischen Ortskern. Im ● **Café & Köstlich**, wo alles so schmeckt, wie der Name schon sagt (www.cafeundkoestlich.de), oder in der ● **Eisperle**, wo man Rhabarbereis schleckt (Hoßberg 2). Wer am nächsten Tag auf dem Luhe-Radweg weiter nach Winsen radeln möchte, kann z. B. in Rüter's Hotel übernachten. (www.rueters-gasthaus.de)

Zurück nach Bispingen nimmt man vom 15. Juli bis 15. Oktober den kostenlosen ● **Heide-Shuttle** (naturpark-lueneburger-heide.de > Heide-Shuttle): Ring 3 bis Egestorf, dann Ring 2 bis Behringen, von dort 4,5 Kilometer mit dem Rad nach Bispingen.

KM 47,5 » ZIEL

Salzhausen, Bushaltestelle Heide-Shuttle (gleich am Ortseingang)

Kultstätte schon vor über 3000 Jahren.

Belohnung in der Eisperle in Salzhausen.

AUF EINEN BLICK:

- **Start:** Bushaltestelle Heide-Shuttle Bispingen. (Mit dem Heide-Shuttle erreicht man Bispingen morgens von entfernteren Orten für die lange Tour, aber nicht früh genug.)
- **Alternative Anreise:** mit Auto und Fahrradgepäckträger, Parkplatz vor der Ole Kerk.
- **Ziel:** Bushaltestelle Heide-Shuttle in Salzhausen.
- **Strecke/reine Radelzeit:** 47,5 km (Streckentour), 4 Std. (plus noch 4,5 km von Behringen nach Bispingen, siehe Extra Infos).
- **Höhenmeter:** ↗110 m ↘149 m
- **Wegbeschaffenheit:** Meist gut befahrbarer Asphalt oder Schotter.
- **Beste Zeit:** Frühling bis Herbst.
- **Mitnehmen:** Im Sommer Badesachen. Buchtipp für Mühlenfans: »Krabat« von Otfried Preußler.

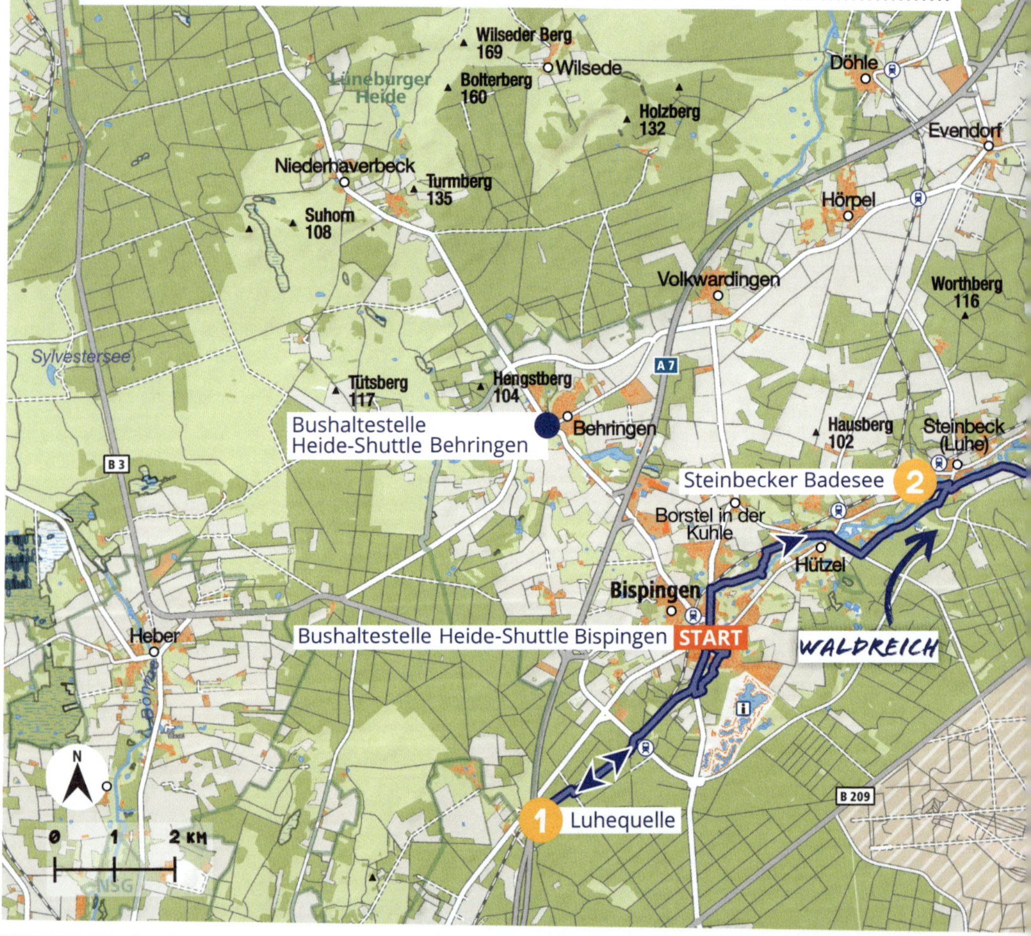

Garlstorf
Stiepels Berg 74
Café & Köstlich
Eisperle
Waldbad
Gödenstorf
Salzhausen
ZIEL Bushaltestelle Heide-Shuttle Salzhausen
Westergellersen
Kirchgellersen
Deesterbruchsberg 80
Hasenburger Bachtal
Südergellersen
Eyendorf
Lübberstedt
Putensen
Luhe
Oerzen
FELD, WALD UND FLUR
Wetzen
B 209
Hasenberg 110
Rolfsen
Oldendorf (Luhe)
Marxen am Berge
BERGAB, BERGAB!
Drögennindorf
6 Oldendorfer Totenstatt
Soderstorf
5 Soderstorfer Mühle
Betzendorf
4 Schwindequelle
Dehnsen
Etzen
3 Frau Harms Kaffeehaus
Amelinghausen
Schwindebeck
SIE FLIESST SCHON FLINKER
Tellmer
Krähenberg 106
Rehlingen
Diersbüttel
Tellmer Berg 113
Buschberg 96
Wettenbostel
Wulfsode
NSG
Holthusen I

DIE RADELPAUSEN

»START
Egestorfer Kirche St. Stephanus

KM 8,5
1 Heidepfad
Honig- und Wacholderland

KM 9,5
2 Café Mein Teegarten
Teatime mit Huhn

KM 10
3 Dat ole Huus
Butze und Flett

WEITER BLICK UND ROSA BLÜTEN

3

Heide zwischen Egestorf und Niederhaverbeck

Im Sommer ist der blühende Teppich das Highlight, aber die Lüneburger Heide ist so viel mehr: lichte Wälder, Bachtäler und nostalgische Dörfer, ja, sie ist romantisch. Der Wilseder Berg ist mit 169 Metern der höchste Gipfel – na gut, Hügel – weit und breit. Der Blick reicht (fast) bis nach Hamburg.

KM 11,5
4 Totengrund
Relikt aus der Eiszeit

KM 18
5 Naturinformationshaus Niederhaverbeck
Bienenwelten

KM 21,5
6 Wilseder Berg
Gipfelglück

KM 33 » ZIEL
Egestorfer Kirche

FACHWERK UND FELDSTEIN …

» … und ein hölzerner Glockenturm. Die Egestorfer Kirche steht umgeben von Linden. Der Ort ist idealer Ausgangspunkt für eine Radtour in einem der schönsten Gebiete der Lüneburger Heide. Die Blätter im Wald glänzen vom Regen der letzten Tage. Vor Döhle quert man die Schmale Aue. Eine Kutsche klappert vorbei, Autoverkehr ist auf dem Weg nach Wilsede verboten. Eine Eiche spendet Schutz unter ihrem Blätterdach, als der erste Schauer niederrauscht.

Diese sanften Hügel, die gerade anfangen, rosa zu schimmern! An einer Stelle führt ein **Pfad in die Heide**. Man lässt sein Fahrrad stehen und wandert ein Stück hinein. Uralte Hutebäume stehen am Dorfeingang von Wilsede, ein Dorf wie gemalt, wie aus einer anderen Zeit. Dazu passen das **Café Mein Teegarten** und das Heidemuseum **Dat ole Huus** (das alte Haus). Der Eingang ist die Grootdoor, ein mehrteiliges großes Tor.

DANN ÖFFNET SICH DIE HEIDE, DAS HERZ GEHT EINEM AUF

Es ist eine Szenerie, die auch bei Nieselregen beschwingt. Eichenhaine, dann wieder mächtige Bäume, vor denen man ehrfürchtig stehen bleibt. Birken, dazwischen Blaubeersträucher. Man lässt sich vom Blick über den **Totengrund** verzaubern und schwelgt auf dem gesamten Weg nach Oberhaverbeck in Weite. Heide, nichts als Heide. Es sind die Grün- und Rosatöne, die endlosen unberührten Flächen, die hellen Wege: Alles zusammen ergibt ein harmonisches Bild.

In **Niederhaverbeck** zeigt das **Naturinformationshaus** die Ausstellung Bienenwelten. Im feuchten Heidetal wachsen Farne. Man muss schon ziemlich strampeln, während man sich dem **Wilseder Berg** nähert. Oben dann ein Panorama, das glücklich macht. Heide im Spätnachmittagslicht, auch Wald, so geht es weiter nach Undeloh. Den Ort spart man sich für Tour 4 auf und macht sich durchs Radenbachtal auf den Heimweg. Auch der führt mitten durch Heide, von der man nicht genug bekommen kann. Es riecht nach Heidschnucken, aber es sind keine zu sehen. Dann spannt sich tatsächlich ein Regenbogen über dem Tal auf. Einer seiner Streifen hat die Farbe der Heideblüten. Kein Kitsch, sondern gerade Wirklichkeit. «

Beschirmt von alten Eichen fährt man Richtung Totengrund.

RADELN & GENIEßEN

Ein Tag Weltflucht im Naturpark Lüneburger Heide, hier im Radenbachtal.

» START

Egestorfer Kirche St. Stephanus

Auf der Alten Dorfstraße an der Kirche vorbei, rechts auf den Sudermühler Weg. Am Dorfende links auf den Pastor-Bode-Weg, Beschilderung nach Döhle. Vor dem Ort rechts, Beschilderung nach Wilsede. Nach etwa 3,5 Kilometern rechts ein kleiner Pfad, Aussichtspunkt Hannibals Grab.

KM 8,5

1 Heidepfad

Honig- und Wacholderland

Man trifft struppige Gesellen, so sehen Wacholder aus. Er wird auch Ammenbaum genannt, denn Baumsprösslinge anderer Arten schaffen es, unter seinen stachligen Zweigen hoch genug zu wachsen, bis sie vom Verbiss durch Rehe und Schafe nicht mehr bedroht sind. Neben Heidestrauch und Schnucke ist der Wacholder das Symbol der Lüneburger Heide. Dann geht man in die Hocke, um die zarten Heideblüten zu betrachten. So lieblich an einem so krautigen Gewächs! Und Bienenweide: 120 000- bis 150 000-mal fliegen die Arbeiterinnen für ein Kilo Honig zwischen Blüten und Bienenstock hin und her. Sie besuchen etwa zehn Millionen Blüten. Die traditionellen Bienenkörbe wurden einst aus Weidenzweigen und Lehm gefertigt. Honig und Wachs waren neben den Schafen ein wichtiger Wirtschaftsfaktor für die Heidjer.

Geradeaus weiter nach Wilsede, erste Straße rechts, das Café liegt etwas zurückversetzt rechts.

Mögen den gleichen Boden: Heide und Wacholder.

KM 9,5

2 Café Mein Teegarten

Teatime mit Huhn

Kopfsteinpflaster führt unter alten Eichen nach Wilsede hinein, die Mauern der Höfe sind moosbewachsen. In der Saison kann es im Dorfzentrum am Wochenende schon mal trubelig sein. Das kleine Café Mein Teegarten liegt mit seinem Garten etwas ab vom Schuss. Eine ruhige Umgebung für eine Tasse Tee. Der Aprikosenbaum an der Hauswand trägt goldgelbe Früchte, in den Beeten blühen Stauden in allen Farben, Hahn und Hühner picken im Gras. Der Stil ist Vintage, alles wirkt etwas improvisiert, das macht das Ambiente so sympathisch. Man sucht sich seinen Platz in einer idyllischen Ecke, dann holt man sich seine Leckereien. Kuchen auf nostalgischem Geschirr oder Couscous im Glas, eine originelle Idee, die in verschiedenen Gewürznoten schmeckt. (meinteegarten.de)

Zurück auf dem Hauptweg nach Wilsede, weiter ins Dorf, hinter dem Gasthaus zum Heidemuseum ein kleiner Weg nach rechts. Das Heidemuseum liegt auf der linken Seite.

Köstlicher Kuchen auf liebevoll zusammengestelltem Geschirr.

Das Feuer auf der Herdstelle brannte früher ohne Schornstein.

KM 10

3 Dat ole Huus

Butze und Flett

Wie in einer Zeitkapsel wird man entführt in die bäuerliche Zeit von etwa 1850. Es gab keinen Kamin, im Herdbereich (Flett) brannte ein offenes Feuer. Der Rauch räucherte das Fleisch, das in Leinensäcken von der Decke hing, und zog überall hin. Der Stall war nur durch eine Balustrade abgetrennt. Vorn an der Tür standen die Pferde, die bei Feuer zuerst gerettet wurden. Es gibt viel zu entdecken: die Butze, in der die Knechte schliefen. Altes Werkzeug in der Klüterkammer. Grootdonz (große Stube) und Spinnstube. In den renovierten, denkmalgeschützten Höfen der Heide wird die Anordnung der Räume bis heute beibehalten. Im netten Museumsladen gegenüber (mit Café) gibt es köstlichen Honig und andere Mitbringsel aus der Heide. (www.verein-naturschutzpark.de/heidemuseum-wilsede)

Zurück auf den Hauptweg. Kurz hinterm Gasthaus zum Heidemuseum rechts. Beschilderung Richtung Totengrund. (Wanderweg, gut befahrbar, bitte Rücksicht auf Fußgänger nehmen.)

KM 11,5

4 Totengrund

Relikt aus der Eiszeit

Man fährt oberhalb vom Totengrund auf dem Holzberg entlang, einem bewaldeten Plateau. Von zwei Stellen hat man einen fantastischen Blick in den einst von Gletschern geschaffenen Talkessel, vielleicht der schönste in der ganzen Lüneburger Heide. Zwischen Wacholderhainen fängt die Heide an einigen Flecken an zu blühen. Man setzt sich auf eine der Bänke, lässt die Gedanken schweifen. Warum das Tal Totengrund heißt? Vielleicht, weil früher die Kutschen mit den Särgen nicht auf den gängigen Straßen fahren sollten und sich daher einen Weg durch den Talgrund suchten. Oder weil lange, nachdem sich die Gletscher zurückgezogen hatten, ein mit Sand bedeckter Toteisblock zurückblieb, weiter abtaute und das Tal dadurch schuf. Wer weiß das schon genau? Vielleicht stimmt beides.

Weiter Richtung Oberhaverbeck (ausgeschildert). Achtung: Wanderweg an manchen Stellen schmal und ausgewaschen, eventuell ein Stück schieben. An der ersten Wegkreuzung rechts. Bei der nächsten links. Immer geradeaus bis Oberhaverbeck. Im Ort auf dem Radweg an der Landstraße rechts bis Niederhaverbeck (ausgeschildert). Gegenüber vom Landhaus Haverbeckhof rechts. Haus der Natur rechts.

GLETSCHER SCHUFEN EINST DIE TÄLER, ÜBER DIE DIE BLICKE SCHWEIFEN

Auch bergverwöhnte Besucher aus Bayern schwelgen in der Aussicht.

Plateau mit 360-Grad-Panorama. Rast am höchsten Punkt der Lüneburger Heide.

KM 18

5 Naturinformationshaus Niederhaverbeck
Bienenwelten

Unter Reet: Wissenswertes aus der Welt der Bienen.

Großformatige Fotos zeigen das Leben im Bienenstock. In einem Nebengebäude erfährt man Hintergründe zur Heideimkerei. Der Eintritt ist frei. Durch die Umgebung führt ein Wildbienen-Erlebnispfad mit 16 Stationen, den man zu Fuß oder mit dem Rad erkunden kann. Er erzählt Wunderbares aus der Welt der Wildbienen. Allein die Namen: Kuckucksbiene, Blattschneiderbiene und Stahlblaue Mauerbiene, die in Hohlräumen in Pflanzenstängeln, aber auch in der Erde oder in Lehmwänden nistet. Gefahr droht ihnen vom Bienenwolf (so heißen gleich zwei Bienenfeinde: Grabwespe und Buntkäfer), aber auch von der Krabbenspinne, die sogar Hummeln überwältigen kann. Gegen Spinnen helfen übrigens Heidschnucken, die mit ihren Trippelschritten deren Netze zerstören. (www.verein-naturschutzpark.de/naturinformationshaus)

Am Naturschutzhaus vorbei, Beschilderung Richtung Wilseder Berg.

KM 21,5

6 Wilseder Berg
Gipfelglück

Der Wilseder Berg liegt mitten im größten zusammenhängenden Heidegebiet Nordeuropas. Man staunt über die riesige Fläche des Naturschutzgebiets, durch das zwischen Undeloh und Niederhaverbeck keine Autos fahren dürfen. 169 Meter klingen nicht hoch, aber da sonst nichts im Weg steht, ist der Blick eben doch imponierend. Man atmet tief durch und will erst mal nicht mehr weg. Was haben sich die Bauern einst geplagt, um dem sandigen Boden, auf dem es so schön blüht, Erträge abzuringen? Alle paar Jahre wurde die Heide geplaggt (daher »Plackerei«): Mit speziellem Werkzeug entfernte man die Krautschicht samt oberer Bodenschicht, benutzte sie als Einstreu und danach als Dünger für die Felder. Gleichzeitig wurde dadurch die Heide verjüngt. Dieselbe Methode, nur maschinell, benutzt man noch heute.

Zurück in die Richtung, aus der man kam. An der ersten Weggabelung rechts, Beschilderung nach Undeloh. Am Wohnmobilstellplatz vorbei, rechts vom Heide-Erlebniszentrum Beschilderung ins Radenbachtal. An der ersten Abzweigung links, an der nächsten rechts, Beschilderung nach Sudermühlen. Auf dem Sudermühler Weg bergauf in Richtung Egestorf (ausgeschildert).

EXTRA INFOS:

In der Lüneburger Heide blüht es nicht überall gleichzeitig. Ein Blick aufs **Heidebarometer** zeigt immer aktuell, wo es zwischen Ende Juli und Mitte September besonders lila leuchtet. (www.lueneburger-heide.de > heideblütenbarometer)

Unterwegs kann man in Niederhaverbeck im ● **Landhaus Haverbeckhof** einkehren (und übernachten). Es gibt Spezialitäten aus der Region, wie Heidschnuckenbraten, dessen Geschmack leicht an Wild erinnert, mit Wacholderjus, oder einen Heidjer-Teller mit Heidschnuckenbratwurst. (www.haverbeckhof.de)

In Egestorf isst man gut im ● **Bääkers Buur** (im Egestorfer Hof, ebenfalls Hotel), zum Beispiel eine weitere Heidespezialität: Heidschnuckengrützwurst. Was das ist? Probieren! Köstlich mit Apfelmus und Bratkartoffeln. Beide Restaurants im Sommer mit schöner Terrasse.

KM 33 » ZIEL

Egestorfer Kirche

Typisch für alte Heidekirchen ist der separate Kirchturm aus Holz.

BEKANNT FÜR WUNDERSCHÖNE KONZERTE

Westernhop
Undeloh
Heimbuch
Einemer Sand
Heinköpen
Wilseder Bach
RUHIG MAL SCHIEBEN
6 Wilseder Berg
Café Mein Teegarten
2
Wilsede
Heidemuseum
Dat ole Huus
3
1
Heidepfad
Einem
Lüneburger Heide
Bolterberg
160
Holzberg
132
4 Aussichtspunkt
Totengrund
Heidetal
Landhaus
Haverbeckhof
Sellhorn
5
Ausstellung
Bienenwelten
ACHTUNG, STEIL BERGAB
Turmberg
135
Oberhaverbecker
Holz
Niederhaverbeck
Haverbeeke
Suhorn
108
Oberhaverbeck
N
0
1
2 KM

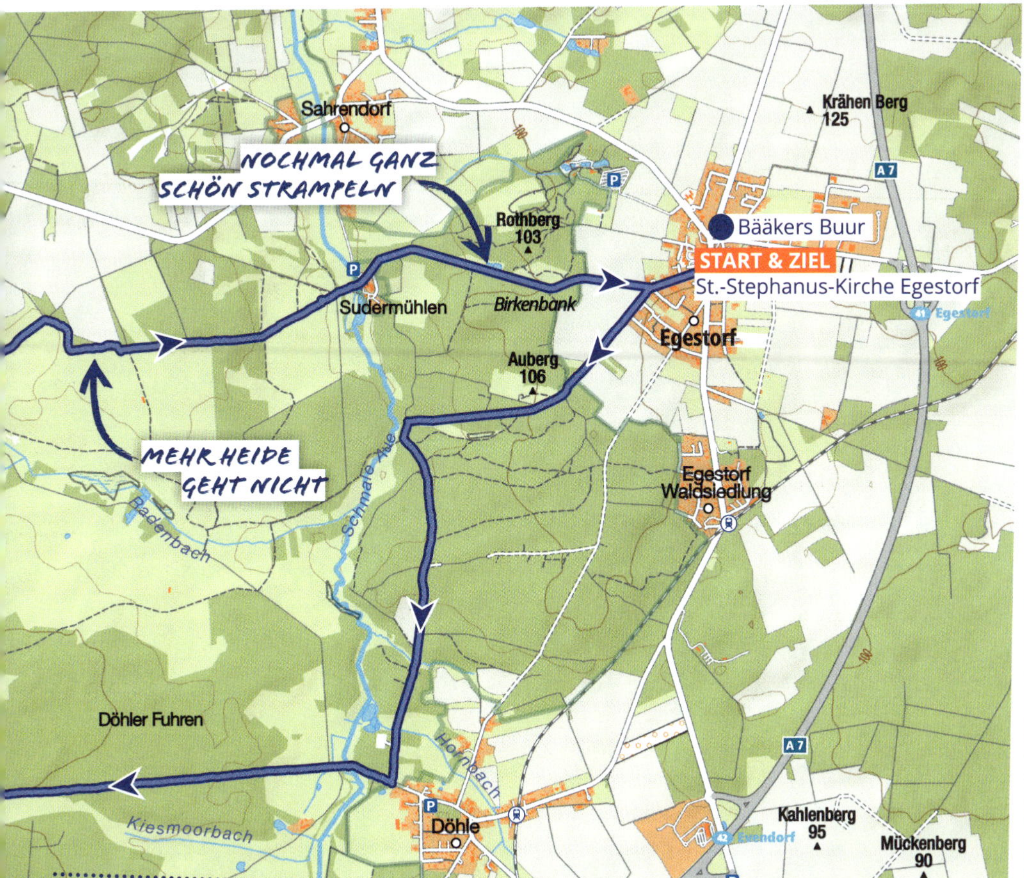

AUF EINEN BLICK:

- **Start/Ziel:** Egestorfer Kirche. Der Heide-Shuttle (Ring 2, 3, 5) hält auf der Alten Dorfstraße; ab Buchholz (67 Min.), ab Lüneburg (73 Min.). Bei Anreise mit dem Pkw Parkplätze an der Kirche.
- **Strecke/reine Radelzeit:** 33 km (Rundtour), 3 Std.
- **Höhenmeter:** ↗214 m ↘214 m
- **Wegbeschaffenheit:** Je nach Wetter kürzere sandige oder matschige Abschnitte. Es empfehlen sich in der Heide sowieso breitere Reifen, dafür fährt man auf wirklich naturnahen Routen (manchmal Kopfsteinpflaster). Auch mal kleinere Wege, davon nicht irritieren lassen: Es sind die schönsten. Zwei, drei steilere Stellen, dort kann man schieben. Wichtig: Im Naturschutzgebiet immer auf den Wegen bleiben.
- **Beste Zeit:** Frühling: Alles wird grün; etwa 8. August bis 9. September: Alles wird lila; Herbst: Alles wird gelb, rot, gold; Winter: Alles wird still.
- **Mitnehmen:** Picknick für die Bänke, die an vielen romantischen Stellen stehen.

DIE RADELPAUSEN

>> START
Bushaltestelle Undeloh

KM 0,5
1 Heide-Erlebniszentrum
Grüße aus den Eiszeiten

KM 5,5
2 Weseler Heide
Bank mit Blick

KM 11
3 Wehlen
Kühle Schorle

4 FARB-WELTEN

Rundtour von Undeloh im Heidesommer

Ob die Heide lila blüht oder eher rosa, darüber scheiden sich die Geister. Es hängt vom Zeitpunkt und von der Lichtstimmung ab, auch von unserer Wahrnehmung. In dem weitläufigen Gebiet liegen verschiedene Heiden, jede einzigartig. Man schlemmt an der Seeve und an einem Mühlenweiher gibt's den besten Kaffee.

KM 14,5
4 Cassenshof
Landlust an der Seeve

KM 21,5
5 Büsenbachtal
Café Schafstall

KM 30,5
6 Der Heideröster
Schwarze Schnucke

KM 40,5 » ZIEL
Bushaltestelle Undeloh

FRISCH GEBUNDENE HEIDEKRÄNZE ...

» ... und wunderbarer Heidehonig werden an Ständen in Undeloh angeboten. Während der Heideblüte ist dort auch an einem Regentag einiges los. Über Flora und Fauna, Geologie und Geschichte informiert das **Heide-Erlebniszentrum**. Die **Weseler Heide** ist gerade dabei, sich in eine lila Traumlandschaft zu verwandeln. Sie ist nicht so bekannt wie ihre größeren Schwestern weiter südlich, unter der Woche trifft man dort kaum andere Menschen. Es klart langsam auf.

Unendlich viele winzige, glockenförmige Blüten schaffen diesen Heidezauber. Vielleicht erlebt man auch alles so intensiv, weil man weiß, dass der Zeitraum der Blüte begrenzt ist. Der Weg zieht sich einen ziemlich steilen Hügel hinauf, eine Endmoräne, wie man nach dem Besuch des Heidezentrums weiß. Oben setzt man sich auf die nächste Bank, um nichts zu tun – bloß ins Lila zu schauen. An den Pastorenteichen vorbei fährt man nach Wesel. In der Wehlener Heide stehen Eichen, Hunderte von Jahren alt, dazwischen Birken und Wacholder.

BIENEN SUMMEN, SPECHTE KLOPFEN – EIN ZITRONENFALTER SCHAUKELT ÜBER LILAFARBENE STRÄUCHER

Die Sonne hat es durch die Wolken geschafft, es wird schwül. **Wehlen** ist über 1000 Jahre alt, es liegt wirklich einsam. In der Nähe entspringt die Seeve. Holunderbeeren färben sich langsam schwarz, man streift den Südrand der Inzmühlener Heide. Kurz vor der Seevebrücke liegt der **Cassenshof**. Im **Büsenbachtal** entspringt die Quelle des namensgebenden Bachs. In Holm ist die Seeve schon breiter geworden. Ein Hof in einem Wäldchen verkauft frisch geschleuderten Honig. In Dierkshausen betreibt **Der Heideröster** Kaffeerösterei und Café in einer alten Wassermühle.

Es geht bergauf, der Schatten im Wald tut gut. Oben wartet die Töps-Heide mit Rosatönen. Nach Undeloh geht es durch ein großes Waldgebiet bergab – eine schöne Belohnung. Über den Wipfeln streiten sich Krähen. Vor dem Dorf liegen Wiesen im Abendlicht. Im Hof der St.-Magdalenen-Kirche, einer der ältesten kleinen Kirchen der Heide, stehen Bänke und ein Picknicktisch unter Bäumen. Ein friedlicher Ort. «

Wann man schiebt, hängt auch von den Oberschenkelmuskeln ab.

Heide pflücken darf man nur mit extra Lizenz.

Hat Moos angesetzt: Verwunschene Flecken findet man in der Heide viele.

RADELN & GENIEẞEN

Wenn alles summt: Pause während der Heideblüte.

»START

Bushaltestelle Undeloh

Auf Zur Dorfeiche Richtung Westen. Links auf die Wilseder Straße, immer geradeaus.

KM 0,5

1 Heide-Erlebniszentrum

Grüße aus den Eiszeiten

Dieses Museum ist fantastisch. Es informiert über Heidehochmoore genauso wie über Hutebäume, deren Bucheckern und Eicheln wichtig für die Schweinemast waren. Es hieß: An Eichen wachsen gute Schinken. Das Untergeschoss führt in die letzten drei Eiszeiten, als Gletscher aus Skandinavien die Heide formten. Sie brachten riesige Findlinge mit, die noch an vielen Stellen liegen, und ließen die Stromtäler von Elbe, Weser und Aller zurück. Endmoränen bildeten den Wilseder Berg. Als sie abschmolzen, blieben teils Hunderte Meter tiefe Sandschichten, Sander, zurück, daher die hellen, sandigen Wege. An das Erlebniszentrum ist ein gemütliches Café angeschlossen. Dort isst man Buchweizen-Kirschkuchen, bis sich der Regen verzieht. (www.verein-naturschutzpark.de/heide-erlebniszentrum)

Zurück auf die Wilseder Straße, links auf Zur Dorfeiche. Beschilderung Richtung Wesel. Am Parkplatz Weseler Heide rechts. Zwei Kilometer geradeaus (Kreuzung überqueren, dahinter geht es bergauf).

KM 5,5

2 Weseler Heide
Bank mit Blick

Kein Haus, keine Straßen. Nur Heide, Hügel, dahinter Wald, der sich als Streifen am diesigen Horizont verliert. Ein Rotmilan kreist oben am Himmel. Seine Rufe sind das Einzige, was gerade zu hören ist. Kaum zu glauben, dass die Lüneburger Heide lange als ärmliche, triste Gegend galt, durch die man nur gezwungenermaßen reiste. Erst Ende des 19. Jahrhunderts entdeckten die ersten Städter ihre Schönheit und Ruhe. Von Hamburg und Hannover war es nicht allzu weit und mit den Jahren wurde die Heide zum Ausflugsziel. In der Landschaft stehen Bienenzäune, vor den Körben herrscht Rushhour. Da die Heide relativ spät im Jahr blüht, brachten die Imker ihre transportablen Bienenstöcke im Frühjahr früher oft in die Marschlande, wo bereits die Obstbäume blühten.

Weiter zur nächsten Kreuzung. Der Beschilderung Pastorenteiche/Wesel nach links folgen. Der Wanderweg kann ausgewaschen sein, zur Not ein Stück schieben. In Wesel auf der Weseler Dorfstraße links. Rechts auf Wehlener Weg nach Wehlen (ausgeschildert). In der Wehlener Heide auf dem kleinen Weg neben der Straße fahren.

Frisch aus der Wanne: kühle Getränke in Wehlen.

KM 11

3 Wehlen
Kühle Schorle

Mit dem Auto ist der Weiler nur mit Sondergenehmigung zu erreichen. Ein Dorf im Dornröschenschlaf. Doch ein junger Heidjer hatte eine grandiose Idee: In einer mit Wasser gefüllten gusseisernen Wanne bietet er vor dem Peetshof gekühlte Getränke an. Das Geld steckt man in eine Kasse. Und da der improvisierte Ausschank gleich an der Wegkreuzung am Dorfeingang liegt, kommen so einige Radfahrer:innen vorbei. Bei Rhabarberschorle oder alkoholfreiem Bier entspinnt sich zwischen den Besucher:innen sofort ein Gespräch. Nicht immer hat man das Glück, auch noch einen Gedichttipp zu bekommen: »Abseits« von Theodor Storm trifft die Stimmung der Landschaft: »Die Bienen hängen Zweig um Zweig / Sich an der Edelheide Glöckchen, / Die Vögel schwirren aus dem Kraut – / Die Luft ist voller Lerchenlaut …«

An der Kreuzung der Beschilderung Richtung Handeloh (Radroute Nr. 21) folgen. Auf der Landstraße (Im Seevegrund) links. Vor der Seevebrücke rechts.

Nicht nur bei Regen sehenswert und spannend: das Heide-Erlebniszentrum.

Rast und Routenplanung direkt an der Seeve.

KM 21,5

5 Büsenbachtal

Café Schafstall

Das Tal ist ohne Übertreibung eins der romantischsten Täler der Lüneburger Heide, aber auch entsprechend beliebt. An einem heißen Tag wirkt schon das Plätschern der Quelle und der Feenteiche erfrischend, die am Fuß des 80 Meter hohen Pferdekopfs liegen. Der Büsenbach zieht sich an einem schmalen grünen Band aus Bäumen und Wiese durch die Heide, bevor er wieder verschwindet und unterirdisch Richtung Seeve weiterfließt. Im Café Schafstall kann man glatt schon wieder eine Pause einlegen. Das Kuchenbüffet ist legendär, die Küche vorzüglich. Dort gibt es nach Anmeldung die Möglichkeit, einen Schäfer mit seiner Herde durchs Büsenbachtal oder bis zum Brunsberg zu begleiten: mit Schäfervesper, vorbereitet vom Restaurant. Im Frühjahr kann man bei der Schafschur dabei sein. (der-schafstall.de)

Zurück zum Bahnhof Büsenbachtal. Geradeaus Richtung Holm-Seppensen. An der Kreuzung rechts nach Holm, auf der Schierhorner Straße über die Seeve, weiter immer geradeaus bis Dierkshausen. Der saure Apfel: Der Radweg führt sieben Kilometer an der Landstraße entlang. Aber versprochen, danach wird's wieder ruhig. In Dierkshausen vorm Mühlenteich links. Abkürzungsmöglichkeit: In Schierhorn und Drumbergen (Route 21) nach rechts zur Töps-Heide.

KM 14,5

4 Cassenshof

Landlust an der Seeve

Viele gute Restaurants in der Lüneburger Heide beziehen in der Saison ihren Spargel oder ihre Martinsgänse von diesem Hof, den die Familie in der 14. Generation bewirtschaftet. Sie betreibt ein Hofcafé mit selbst gebackenem Kuchen und Quiches, in dem man auch hervorragend frühstücken kann. Bei schönem Wetter sitzen die Gäste in einem parkähnlichen Garten unter hohen Eichen, darunter Rucksackreisende, die auf Schusters Rappen mit Zelt und Schlafsack auf dem Heidschnuckenweg unterwegs sind. Im Hofladen gibt es neben allerlei Köstlichkeiten auch selbst gebackenes Brot aus Lerchenkornmehl: Mehl von Getreidefeldern, auf denen sogenannte Lerchenfenster freigelassen werden. Durch das aufwachsende Getreide geschützt, können die Lerchen in Ruhe brüten. Bis zur Erntezeit ist der Nachwuchs dann flügge. (cassenshof.de)

Auf der Landstraße nach Handeloh. Vorm Bahnhof rechts, Radweg Richtung Wörme. Am Bahnhof Büsenbachtal links. Am Café Schafstall rechts, gleich wieder links, ins Büsenbachtal. Geradeaus bis Quelle und Pferdekopf.

Schatten an heißen Sommertagen im Garten vom Café Schafstall.

Kaffeeduft und Muße am Mühlenweiler.

KM 30,5

6 Der Heideröster
Schwarze Schnucke

»Der größte Feind der Qualität ist die Eile«, steht auf dem Serviettenhalter auf dem Tisch. Nach diesem Motto wird hier Kaffee geröstet und allem Anschein nach auch ein bisschen gelebt. In den Kaffeeduft mischt sich der feine Geruch von Apfelwaffeln. Man bekommt sie mit Zimtzucker serviert. Bei Iced Latte mit einer Kugel Schokoladeneis sitzt man am Mühlenteich wie auf einem Steg. Zwei Freundinnen spielen Backgammon, jede Eile ist sofort vergessen. Natürlich kann man den köstlichen Kaffee auch kaufen, ein Päckchen kriegt man im Fahrradkorb gut unter: zum Beispiel Schwarze Schnucke oder den Espressoblend Schäfers Stunde. Das Café ist zwar nur freitagnachmittags geöffnet, aber so schön, dass es fast ein Grund wäre, die Tour möglichst an diesem Wochentag zu unternehmen. (derheideroester.de)

Zurück zur Hauptstraße. Links, rechts auf Undeloher Straße. Hinter dem letzten Hof bergauf auf dem Wanderweg in den Wald. Ist befahrbar, eventuell ein Stück schieben. An der Töps-Heide entlang, an der Kreuzung rechts. Nächste Kreuzung links, Beschilderung nach Undeloh (wieder Route 21). An der Schutzhütte rechts halten. Im Dorf auf Zur Dorfeiche links.

EXTRA INFOS:

Auch wenn es noch so verlockend ist: Für das Pflücken der Heide braucht man eine extra Erlaubnis vom **Naturschutz**. Alle anderen lassen die lila Zweige bitte stehen. Ist ja ganz einfach: Wenn das jeder machen würde ...

Flammkuchen und Currywurst, Reetdach und altes Gebälk: Am ● **Hofcafé Schnucken-Stop** im Alten Schafstall in Undeloh sitzt man vor dem historischen Gebäude von 1712 – rustikal und lustig, und schmecken tut's auch. Geöffnet in der warmen Jahreszeit bei gutem Wetter. Öffnungszeiten, wie immer auf dem Land, vorher vorsichtshalber prüfen. (alterschmiedehof.com)

Vielleicht für den nächsten Urlaub? Man kreuzt immer mal wieder den berühmten **Heidschnuckenweg**, den Fernwanderweg, der auf 223 Kilometern von Hamburg-Fischbek nach Celle führt. (www.heidschnuckenweg.de)

KM 40,5 » ZIEL

Bushaltestelle Undeloh

Einkehrschwung in Undeloh.

ZAUBERHAFTE FEENTEICHE
Café Schafstall
5
4
Cassenshof
3
Erfrischung in Wehlen
HEIDETRAUM MIT KNORRIGEN BÄUMEN
Lohbergen
Siedlung am Pferdekopf
Holm-Seppensen
Seppenser Mühle
Weihe
Thelstorf
Schierhorn
Wiebach
Fliddeberg 108
Wörme
Holm
Royberg
Höckel
Naturschutzgebiet Seeve
Waldteich
Handeloh
Welle
Inzmühlen
Weseler Bach
Weseler Moorbach
Seeve
Wesel
Stucks-Berg 70
Dröge Heide
Cordshagen
B3
Wehlen
Fahlen-Berg 80
Thonhof
Lange Berge 67
Lüneburger Heide
Kamper Heide
Este
N
0
1
2 KM

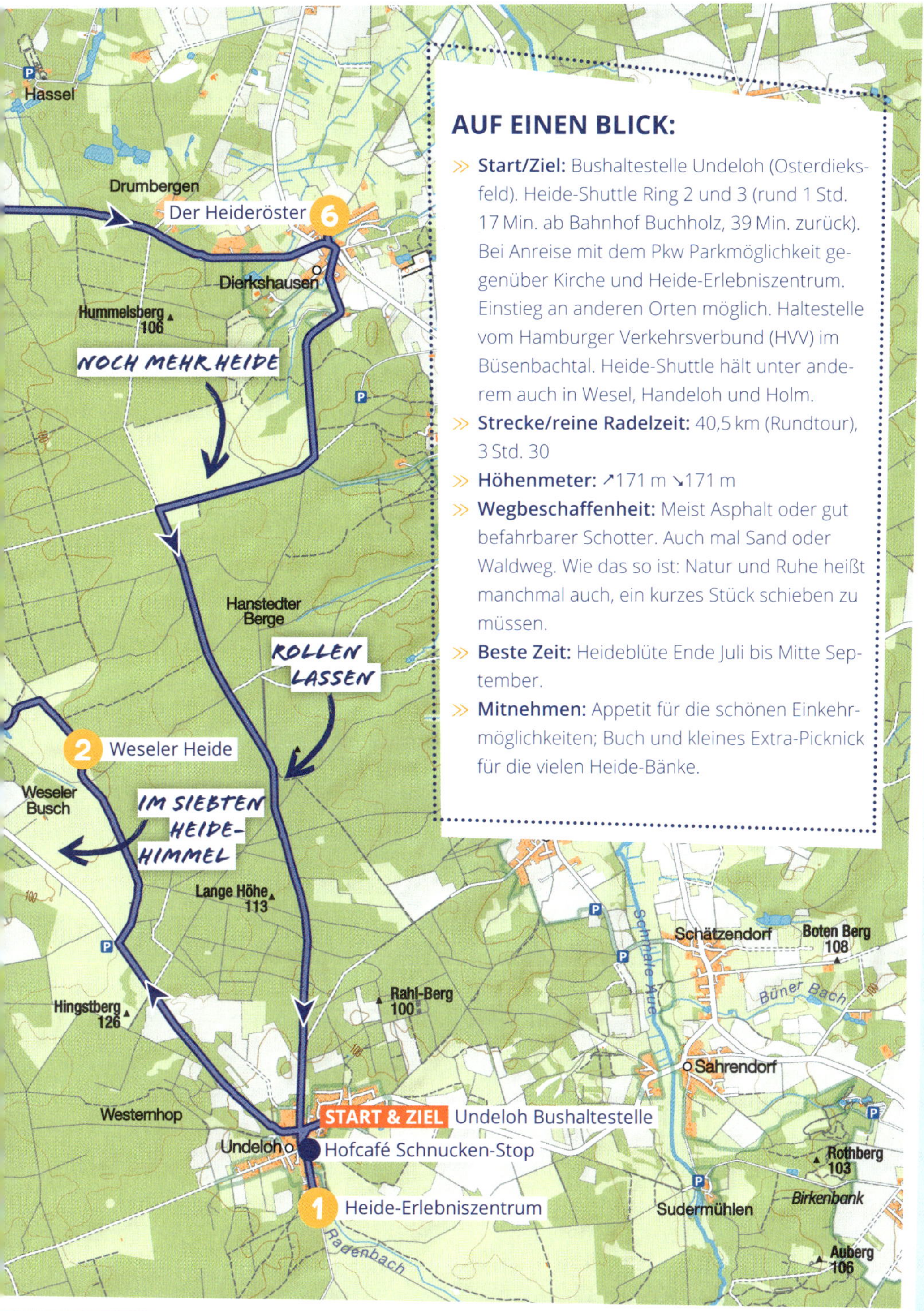

AUF EINEN BLICK:

- **Start/Ziel:** Bushaltestelle Undeloh (Osterdieksfeld). Heide-Shuttle Ring 2 und 3 (rund 1 Std. 17 Min. ab Bahnhof Buchholz, 39 Min. zurück). Bei Anreise mit dem Pkw Parkmöglichkeit gegenüber Kirche und Heide-Erlebniszentrum. Einstieg an anderen Orten möglich. Haltestelle vom Hamburger Verkehrsverbund (HVV) im Büsenbachtal. Heide-Shuttle hält unter anderem auch in Wesel, Handeloh und Holm.
- **Strecke/reine Radelzeit:** 40,5 km (Rundtour), 3 Std. 30
- **Höhenmeter:** ↗171 m ↘171 m
- **Wegbeschaffenheit:** Meist Asphalt oder gut befahrbarer Schotter. Auch mal Sand oder Waldweg. Wie das so ist: Natur und Ruhe heißt manchmal auch, ein kurzes Stück schieben zu müssen.
- **Beste Zeit:** Heideblüte Ende Juli bis Mitte September.
- **Mitnehmen:** Appetit für die schönen Einkehrmöglichkeiten; Buch und kleines Extra-Picknick für die vielen Heide-Bänke.

DIE RADELPAUSEN

» START
Bahnhof Tostedt

KM 3,5
1 Tostedter Wochenmarkt
Gugelhupf und Beeren

KM 5,5
2 Erdbeerpflücken
So schmeckt Sommer

KM 9,5
3 Bötersheimer Eiche
Über 1000 Jahre staunen

5 HEIDE TRIFFT HANSE

Auf dem Este-Radweg von Tostedt nach Buxtehude

Sie fließt durch Wälder, Wiesen und Backsteindörfer. Auch an der ein oder anderen Mühle rauscht die Este vorbei. In Buxtehude speist sie seit Jahrhunderten die Flethe. Von dort kann man sie noch bis nach Cranz zur Elbe begleiten und mit der Fähre nach Hamburg-Blankenese übersetzen – wenn es die Tide erlaubt.

KM 19,5
4 Appelbecker Teiche
Rast am Wasser

KM 23,5
5 Moisburger Mühle
Vom Korn zum Mehl

KM 34,5
6 Buxtehuder Westfleth
Ein Hauch von Niederlanden

KM 35,5 » ZIEL
Bahnhof Buxtehude

DIE SONNE HAT DIE WEIZENFELDER AUSGEBLEICHT …

» Sommerferienschläfrigkeit liegt über dem Land. Ein Abstecher durch den Ortskern von **Tostedt** führt in alte Zeiten, als 1743 der Huthsche Hof noch eine Postkutschenstation war. Im Garten des Heimathauses steht ein historisches Backhaus, »baut worn um 1850«, wie eine Tafel auf Plattdeutsch erklärt. Dienstags und freitags findet Am Sande ein Wochenmarkt statt. Alternative: Man pflückt sich sein Picknick auf dem **Erdbeerfeld** vom Obsthof Busch selbst.

Es zilpt und zalpt im angenehm kühlen Wald. Wo die Sonne es durch das Blätterdach schafft, kleckst sie helle Flecken auf den Weg. In **Bötersheim** steht eine 1000-jährige **Eiche**. Die Quell-, Au- und Bruchwälder und Wiesen an der Este sind geschützt, damit Fische und Amphibien ungestört laichen und Vögel in Ruhe brüten können. Drestedt und Dierstorf streift man nur. Auf den Feldern reifen die Zuckerrüben. In Hollenstedt hatte Karl der Große 804 sein Lager aufgeschlagen, um mit dem dänischen König zu verhandeln.

MÜCKEN TANZEN AM UFER, UND DIE SONNE BRINGT DEN SANDIGEN BACHGRUND ZUM LEUCHTEN

Die **Appelbecker Teiche** liegen mitten im Wald, und es wird noch idyllischer: Das ist die beschauliche Landschaft der Geest, die manchmal sogar etwas hügelig ist. Man kommt durch Weiler wie Podendorf, fährt an Apfelbaumalleen entlang und folgt der Este in den **Mühlenort Moisburg**. Die Luft ist feucht. Auf waldigen Wegen geht es durchs Reich von Sperlingskauz, der in den Baumhöhlen des Buntspechts brütet, und Grünspecht, der seine eigenen Nisthöhlen baut.

Die Este fließt durch Heide, Wald, Geest und Marsch.

Das Feuerwehrhaus in Daensen heißt auf Plattdeutsch »Doanster Sprüttenhaus« (»Sprütte« heißt »Spritze«). Hufgeklapper hallt durch die schmalen Straßen, an einer Scheune sonnen sich Bauernrosen. Hinter dem Dorf beginnen die ersten Apfelplantagen, man nähert sich dem Alten Land, einem der größten Obstanbaugebiete Europas. Im Frühling fährt man dort durch ein Blütenmeer. Die Hansestadt **Buxtehude** ist über die Este mit der Elbe verbunden. Möwen fliegen über den Dächern, sie erzählen lautstark vom großen Strom und der Nordsee. «

RADELN & GENIEßEN

Unter Linden: Erkundungstour in den kleinen Dörfern.

»START

Bahnhof Tostedt

Este-Radweg (»E«) Richtung Cranz. Auf Am Bahnhof links bis Bahnhofstraße, rechts, gleich hinter dem REWE links in Alte Kleinbahn. Immer geradeaus bis Schützenstraße, rechts. Immer geradeaus, später auf dem Himmelsweg bis Dieckhofstraße. Rechts, bis Klostergang. Rechts auf die Eichhofstraße bis Am Sande.

KM 3,5

1 Tostedter Wochenmarkt

Gugelhupf und Beeren

Perfekt, um sich für seine Radtour zu verpflegen: Am Obststand von Harald von Stemm aus Buchholz gibt's Beeren in allen Rot- und Blautönen. Beim Anblick der Johannisbeeren, Himbeeren, Blaubeeren, daneben knackige Kirschen und Äpfel, läuft einem das Wasser im Mund zusammen. Alles aus eigenem Anbau, auch Apfelsäfte aus eigener Herstellung werden verkauft: aus Boskop und Rubinette, andere mit Roter Bete, Karotte oder Sellerie gemischt. Lecker und gesund! Am besten, man hat einen großen Fahrradkorb dabei. Falls nicht, gibt es am Stand vom Holzofenbäcker Gewürzbrot und Minigugelhupfe, die in jede Fahrradtasche passen. Später wird an der Este oder einem der Mühlenteiche alles verputzt.

Rot ist nicht gleich rot. Sommerfarben auf dem Tostedter Markt.

Rechts vom Park auf dem kleinen Weg bis Dieckhofstraße. Links bis Himmelsweg, rechts bis Schwarzer Weg. Vorsicht: dort nicht geradeaus, sondern rechts abbiegen. Die Wegweisung Este-Radweg ist manchmal irreführend, da mehrere Routen ans Ziel Buxtehude (Cranz) führen. Bis Buxtehuder Straße, links, bei der ersten Gelegenheit rechts, auf Sträßchen geradeaus.

Pflück' ein Stück vom Sommerglück.

KM 9,5

3 **Bötersheimer Eiche**

Über 1000 Jahre staunen

Wie stellt man sich einen Ort aus längst vergangenen Zeiten vor? Mit Mühle und Mühlenteich, einer Schmiede, Fachwerkhäusern? Das ist Bötersheim, 1368 das erste Mal erwähnt. Die Este trieb dort früher eine Wassermühle und ein Sägewerk an, das alte Müllershaus steht noch. Der größte Schatz des Dorfs ist die 1000-jährige Eiche. Der Wind spielt mit ihren Blättern, Vogelgezwitscher dringt aus dem dichten Blätterdach. In ihrem Stamm klafft eine mannshohe Höhle, der Zahn der Zeit hat sie genagt. Man betrachtet das Baumwunder mit Ehrfurcht und auch ein wenig Mitleid. Oben wirkt es noch so lebendig, während an seinem Fuß klar wird, dass es nicht unsterblich ist. Oder doch? Drumherum sprießen kleine Eichen, zehn Zentimeter hoch, mit hellgrünen Blättern. Vielleicht die Dorfbeschützer von morgen.

Zurück zur Abzweigung. Links über die Este, Beschilderung nach Drestedt, dann Dierstorf, dann Hollenstedt (circa sechs Kilometer Radweg an der Landstraße). Autobahn unterqueren, bei erster Gelegenheit rechts in Breitensteiner Allee. Links auf Überm Stegen über die Este. Am Markt rechts. Bis Professor-Kück-Straße, wieder rechts bis Moisburger Straße fahren. Bis zur Estetalstraße, dort rechts. Wieder über die Este, nach rund 800 Metern links in die Appeler Straße. Nach 600 Metern links in den Appelbecker Weg, geradeaus.

KM 5,5

2 **Erdbeerpflücken**

So schmeckt Sommer

Alleen säumen die Felder, ab und zu blickt man durch Baumfenster in die Geest. Oben reichen sich die Bäume die Zweige und bilden ein willkommenes Schattendach. Rechts dann Erdbeerglück: Gebückte Gestalten bewegen sich langsam zwischen den langen Pflanzenreihen. Gemeinsam oder für sich, mit oder ohne Kinder, sind sie emsig am Pflücken, aus ihren Sammelgefäßen blitzt es rot. Frischer und saftiger können Erdbeeren kaum sein. An dem Stand vom Obsthof Busch, an dem man bezahlt, werden auch Fruchtaufstriche angeboten – mal was anderes: Apfel-Zimt, Erdbeere mit Holunderblüte oder mit Limette und Minze.

Immer geradeaus durchs Bötersheimer Holz bis Bötersheim. Auf der Dorfstraße zum Mühlenteich. Dort links in den Esteweg. Die Eiche steht nach etwa 20 Metern rechts etwas zurückgesetzt hinter der Kriegsgräberstätte.

SCHILFGERASCHEL UND PICKNICK AM SEE →

Hat schon das Mittelalter erlebt: die 1000-jährige Eiche in Bötersheim.

KM 19,5

4

Appelbecker Teiche

Rast am Wasser

An einem See ist die Luft sofort frischer, wohltuend an einem heißen Tag. Am größten der vielen von der Appelbeke gespeisten Fischteiche beginnt gleich hinter dem Schilf dunkelgrün der Wald. An den Teichen leben Teichhuhn und Haubentaucher, Krickente und Seidenreiher. Kinder sind in einem Tretboot mit Schwanenkopf unterwegs, ihr Lachen weht zum Ufer herüber. Man kann sein Rad stehen lassen und einmal um den See spazieren. Oder sich an der Seekate einen Fisch-Imbiss holen und gleich verspeisen. Wenn er geschlossen hat, packt man seine Erdbeeren aus oder kehrt auf der Terrasse des Restaurants Appelbeck am See ein.

Auf Podendorfer Weg via Podendorf nach Moisburg. Dort links auf die Dorfstraße, links auf Alten Weden. Gleich hinter der Este rechts in den schmalen Weg einbiegen (lässt sich befahren) bis Ortsmitte.

Wen es auf's Wasser zieht, der mietet sich ein Tretboot.

Als Mitglied der Hanse hatte Buxtehude einen wichtigen Hafen.

KM 23,5

5 Moisburger Mühle

Vom Korn zum Mehl

Die erste Mühle in Moisburg mahlte 1379. Die heutige Mühle wurde 1639 gebaut. Einst war sie eine Amtsmühle, das heißt: Alle Bauern aus dem Amt Moisburg mussten dort ihr Korn mahlen lassen und natürlich dafür bezahlen. Im 18. Jahrhundert trieben drei Wasserräder die Mühle an, 1935 wurde sie auf eine Turbine umgestellt. Sie ist eine der letzten voll funktionsfähigen Mühlen in der Region. Das Mühlenmuseum Moisburg (mit Café), eine Außenstelle des bekannten Freilichtmuseums am Kiekeberg, erzählt von Mühlen und Müllern, was die Geschichte der ganzen Gegend widerspiegelt (www.kiekeberg-museum.de/blick-ins-museum/aussenstellen/muehlenmuseum-moisburg). Nach dem Besuch setzt man sich auf die Holzplattform an der Este und holt sich vorher in der Bäckerei gegenüber ein Eis.

Einst eine betriebsame Mühle, heute ein interessantes Museum.

Auf dem Damm über die Este, links auf die Buxtehuder Straße, links auf Nindorfer Weg, Beschilderung nach Daensen. Dort links in Zum Baaksberg, rechts in Daensener Weg, Beschilderung via Heimbruch nach Buxtehude. Dort am Mühlenteich vor dem Lidl rechts auf Radweg, Beschilderung Richtung Altstadt. An der Este über Stader Straße und Poststraße. Links in Bleicherstraße, rechts in Zwischen den Brücken einbiegen. Auf der Langen Straße links in die Ritterstraße, vor der Mühle rechts zum Fleth.

KM 34,5

6 Buxtehuder Westfleth

Ein Hauch von Niederlanden

Buxtehude war Mitglied der Hanse, auf der Este wurde einst mit Ewern, speziellen Booten mit flachen Rümpfen, Getreide in die Stadt transportiert. Gleichzeitig trieb der Fluss die Mühlen an, die das Korn mahlten. Die Flethmühle war bis 1975 in Betrieb. Buxtehude wurde bei seiner Gründung 1285 um einen Hafen angelegt. Das Fleth gilt als ältester künstlich angelegter Stadthafen Nordeuropas. Im mittelalterlichen Stadtkern steht noch ein Fuhrmannshaus aus dem 16. Jahrhundert mit kunstvoll bemaltem Fachwerk. Dahinter ragt der Turm von St. Petri auf, einer gotischen Backsteinbasilika. So rollt man langsam durch Kopfsteinpflastergassen, bevor man sich einen Platz am Westfleth sucht, zum Beispiel im Café Süße Sünde (www.cafe-suesse-suende.de). Dort sitzt man im Strandkorb und fühlt sich an holländische Grachten erinnert.

Zurück zur Langen Straße, rechts. Auf Zwischen den Brücken, dann auf der Bahnhofstraße immer geradeaus zum Bahnhof.

EXTRA INFOS:

Wer viel Kondition hat und sehen möchte, wo einst die Dampfschiffe zwischen Buxtehude und Hamburg verkehrten, hängt noch etwa 25 Kilometer an seinen Radeltag dran. Der Este-Radweg führt weiter an die Elbe nach **Cranz** (etwa zehn Kilometer), man radelt an Deichen durchs Alte Land mit seinen Obsthöfen. Vom ● **Fähranleger Cranz** kann man nach ● **Hamburg-Blankenese** übersetzen (etwa 25 Minuten). Von dort sind es 15 Kilometer bis zum ● **Hamburger Hauptbahnhof**. (Radweg zum Großteil an der Elbe, Blick auf Containerriesen inklusive). Wichtig: Die Fährzeiten richten sich nach Ebbe und Flut. Bei zu wenig Wasser fährt die Fähre nur vom ● **Sperrwerk Neuenfelde** ab. Unbedingt vorher aktuelle Meldungen prüfen und Zeitpuffer einplanen. (hadag.de/de/linien/hbel)

KM 35,5 » ZIEL

Bahnhof Buxtehude

Cranz südlich der Elbe gehört zu Hamburg. Von hier startet die Fähre nach Blankenese.

AUF EINEN BLICK:

- **Start:** Bahnhof Tostedt (mit Metronom ab/bis Hamburg-Harburg etwa 20 Min.)
- **Ziel:** Bahnhof Buxtehude (via Hamburg-Harburg bis Tostedt etwa 54 Min.) Ab Hamburg Hauptbahnhof mit S 3 oder S 5 in etwa 15 Minuten nach HH-Harburg.
- **Strecke/reine Radelzeit:** 35,5 km (Streckentour), 3 Std.
- **Höhenmeter:** ↗44 m ↘93 m
- **Wegbeschaffenheit:** Meist gut befahrbarer Asphalt, kurzzeitig Kopfsteinpflaster, zwischendurch Radweg an der Landstraße.
- **Beste Zeit:** Frühling: Apfelblüte; Sommer: Beeren pflücken; Herbst: Apfelernte im Alten Land.
- **Mitnehmen:** Fahrradkorb, Sonnencap

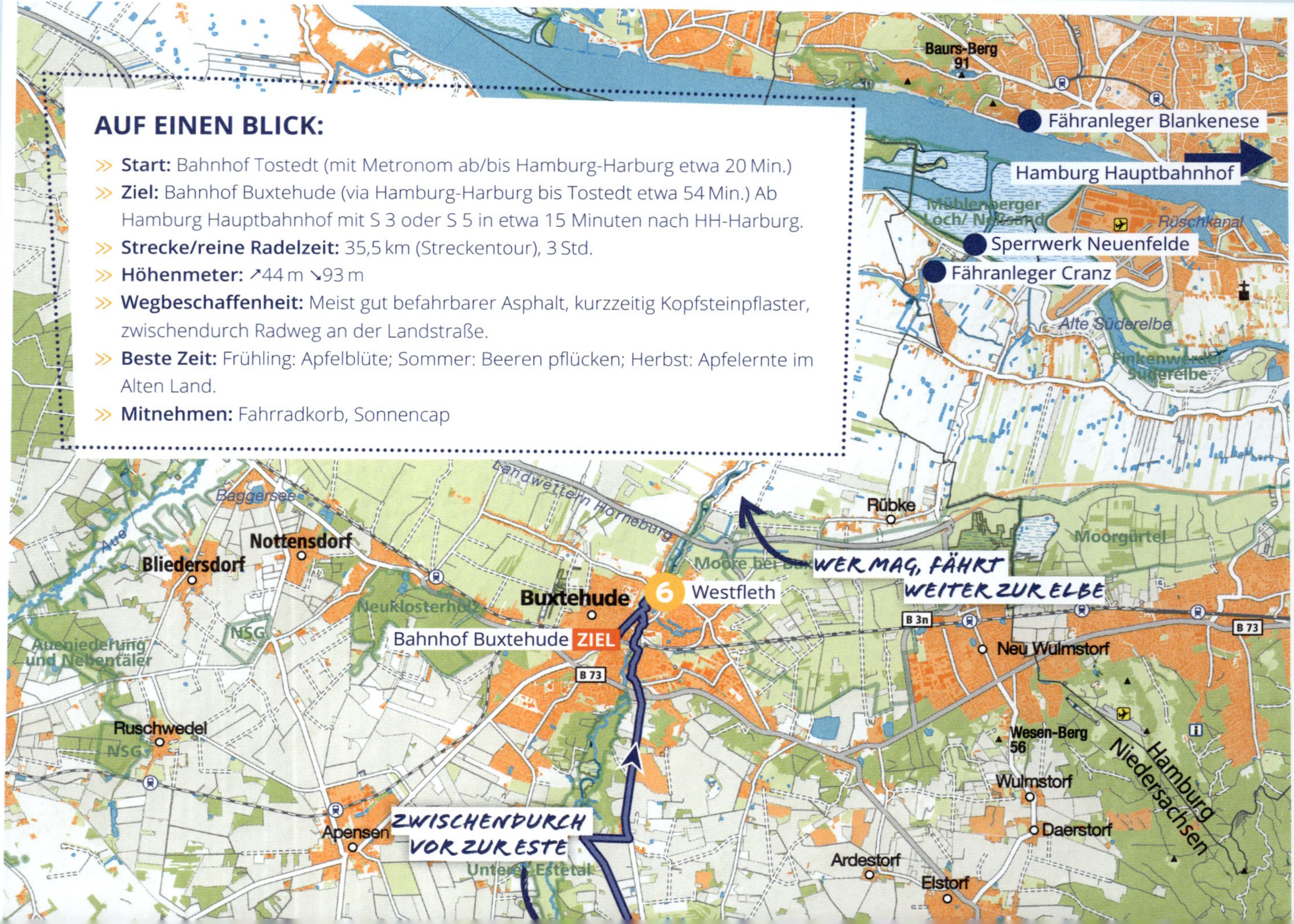

Mühlenmuseum Moisburg
5
HOCH IN DIE GEEST
4
Appelbecker Teiche Tretbootverleih
VORSICHT BEIM WECHSEL VOM HELL INS DUNKEL IM TUNNEL
3
1000-jährige Eiche
2
Erdbeerfeld zum Selberpflücken
1
Tostedter Wochenmarkt
START
Bahnhof Tostedt
Moisburg
Elstorf-Bachheide
Eversen
Rahmstorf
Langenrehm
Appel
Rade
Emsen
Wiegersen
Litberg 65
Sauensiek
Regesbostel
Wohlesbostel
Borgsberg 49
Mienenbüttel
Hollenstedt
Holvede
Hofstedter Berg 45
Dierstorf Heide
Kronsberg 57
Dangersen
Wohnste
Halvesbostel
Ahrensberg 52
Wenzendorf
Ochtmannsbruch
Ramshausen
Estetal
Este
Meilsen
Buchholz in der Nordheide
Büntberg 61
Drestedt
Schierenberg 98
Dohren-Gehege
Heidenau
Kakenstorf
Großes Everstorfer Moor
Dohren
Höllenberg 101
Baggersee Todtglüsingen
Herwigshof
Holm-Seppensen
Heidenauer Aue
Großes Moor und Aueniederung bei Wistedt
Oste
Tostedt
Langeloh
Pfederkopf 78
Fidderberg 108
Wistedt
Wörme
Glüsinger Bruch und Osterbruch
NSG
A 1
B 3
B 75
N
0
1
2 KM

DIE RADELPAUSEN

» START
Bahnhof Stelle

KM 11
1 Ilmenau-Deich
Schilfrascheln lauschen

KM 13
2 Hoopter Fähranleger
Kaffee- und Snackpause

KM 17,5
3 Fliegenberger Strand
Barfuß an der Elbe

6 BLUMEN AM KLEINEN FLUSS

Von Stelle über Hoopte durch die Untere Seeveniederung

Die Marsch, Schilf und Strand. Seltene Schachbrettblumen und zwei Heideflüsse, die in die Elbe münden. Backsteinhäuser hinter dem Deich und Störche auf den Wiesen. Fischbrötchen unterwegs und am besten immer ein Fernglas zur Hand. Im Norden geht die Lüneburger Heide in eine ganz andere Landschaft über.

KM 20

4 Untere Seeveniederung
Zauberhafte Schachbrettblumen

KM 21,5

5 Am Junkernfeld
Kranich und Co

KM 22

6 Am Seeveufer
Picknick bei Flussgeplätscher

KM 26 » ZIEL

Bahnhof Stelle

PAPPELN KNARZEN IM WIND, ...

» ... der hier immer etwas weht. In den Gehölzen keckern Fasane, und kaum sitzt man auf dem Fahrrad, hat man schon die ersten Störche entdeckt. Das Hoopter Sietland war früher regelmäßig von Elbe, Seeve und Ilmenau überschwemmt, bevor die Menschen im 12. Jahrhundert begannen, die Flüsse einzudeichen und Gräben auszuheben, um das Land zu entwässern. Magnolien blühen in den Gärten am Ashauser Mühlenbach, an Holzstegen liegen Ruderboote vertäut. Auf schmalen Sträßchen radelt man an Alleen entlang. Möwengeschrei mischt sich mit dem Tirilieren der Feldlerchen, die oben am Himmel Fang-mich-doch spielen.

In Stöckte stehen reetgedeckte Bauernhäuser hinter dem **Ilmenau-Deich**, auf dem es sich mit weitem Blick nach allen Seiten radelt. Nur einen Katzensprung vom Stöckter Hafen entfernt mündet die Ilmenau in die Elbe. Man kann von hier in die Nordsee segeln. Die Elbe hat es eilig, die Strömung ist stark. Vom **Hoopter Fähranleger** verkehrt die Elbfähre hinüber auf die Hamburger Seite. Am **Fliegenberger Strand** tragen hohe Trauerweiden den ersten Frühlingsflaum, zu ihren Füßen leuchtet gelbes Scharbockskraut.

MIT IHREN ZIERLICHEN KÖPFCHEN NICKEN DIE SCHACHBRETTBLUMEN IM WIND

In Wuhlenburg fließt die Seeve in die Elbe. Die Flüsse in der Marsch sind mittlerweile gebändigt, prägen aber noch immer die Landschaft: Nasswiesen mit kostbarer Artenvielfalt. Weißdorngehölze, in denen Neuntöter und Nachtigall brüten. Sumpfdotterblumen und wilde Tulpen, die die Sonne anlachen, so schön, dass man in der **Unteren Seeveniederung** immer langsamer in die Pedale tritt. Vor allem aber wächst in dem Naturschutzgebiet zwischen Mitte April und Anfang Mai eine besonders seltene Blume: Die Schachbrettblume hat hier ihr größtes Verbreitungsgebiet in Deutschland. Diese Rarität zaubert ein Lächeln auf jedes Gesicht.

Ein Vogelbeobachtungsposten am **Junkernfeld** bietet Ausguckfenster in verschiedenen Höhen. Der Blick reicht bis zum Junkernfeldsee. Salweiden, struppige Kopfweiden und Trauerweiden mit knorriger Rinde neigen auf den Deichwiesen ihre Zweige weit über die **Seeve**. Dort findet man seinen Lieblingsplatz für den Rest des Tages. «

Alleen begrüßen den Frühling mit weißen Blüten.

Reetdächer sind typisch für die alten Häuser in der Marsch.

Weiden an der Seeve, feuchte Wurzeln machen ihnen nichts aus.

RADELN & GENIEßEN

» START

Bahnhof Stelle

Vom Park-and-Ride-Parkplatz am Penellweg Richtung Osten, nach einem Kilometer links in den Achterdeicher Weg. Über den Ashauser Mühlenbach, rechts auf den Achterdeich. Nach rund einem Kilometer auf erstem Weg links in die Marsch bis Geestwiesenweg. Links, rechts auf den Gehrdener Weg, bis zur Hoopter Straße nach Stöckte. Rechts bis zum Brackweg, links bis Stöckter Deich. Weiter auf dem Ilmenau-Radweg.

Passt zu einer Radtour im Norden: Fisch in Brötchen, meist mit Zwiebelringen.

KM 11

1 Ilmenau-Deich

Schilfrascheln lauschen

Ausgedehnte Schilfgürtel, Süßwasserwatt und Bracks sind die für die Gegend typischen Elemente. Bracks sind Gewässer, die sich einst gebildet haben, wenn bei Hochwasser der Deich brach. Watt, so weit vom Meer entfernt, gibt es tatsächlich: Die Nordsee gibt den sechsstündigen Takt vor. Mit Ebbe und Flut reicht sie über die Elbe bis in die Ilmenau hinein. Und das Schilf? Noch sind die Halme trocken-blass vom Winter, doch es bietet ganzjährig Schutz für Wachtelkönig, Krickente und Rohrschwirl. Das 468 Hektar große Vogelschutzgebiet der Luhe-Ilmenau-Niederung ist ein wichtiges Rast- und Brutgebiet. Auf einer Bank am Deich scannt man mit dem Fernglas die Schilfbüschel oder lauscht einfach nur dem Rascheln, wenn der Wind über die Halme streift. In der Luft liegen Frühling und Vogelgezwitscher.

Hochwasserschutz: der Ilmenau-Deich.

Weiter bis zum Hoopter Elbdeich an der Elbe. Straße überqueren, hinunter zum Fähranleger.

Frühlingshafte Strandpause an der Elbe.

KM 13

2 Hoopter Fähranleger
Kaffee- und Snackpause

Am Kiosk am Fähranleger kann man sich einen Kaffee holen und damit auf die Wiesen am Deich setzen: die Beine ausstrecken, der Elbe hinterherschauen, den flachen Binnenschiffen winken. Die Atmosphäre ist fast schon maritim. Dazu passt ein Fischbrötchen aus Grubes Fischerhütte (www.grubes-fischerhuette.de). Bekannt ist der Laden vor allem für seinen Stint, der im Februar und März den Strom hinaufzieht und dann täglich gefangen wird. Im Hofcafé Löscher (mit Terrasse) weiter elbabwärts lockt Rhabarberkuchen mit Baiser und in der Saison Spargel in allen Variationen (www.hofcafe-loescher.de). Oder man kauft sich im Hofladen Erdbeeren und verputzt sie auf dem Deich.

Weiter stromabwärts. Rechts vom Deich radelt es sich auf gepflastertem Untergrund oder Gras etwas anstrengender als auf der Straße, dafür mit Elbblick.

KM 17,5

3 Fliegenberger Strand
Barfuß an der Elbe

Kann sein, dass draußen auf dem Strom ein Motorboot vorbeiflitzt, während am Strand Kinder mit Eimer und Schaufel Bauwerke errichten. Vielleicht hat man Buch und Handtuch dabei und schiebt eine frühsommerliche Strandpause ein. Zieht sogar die Schuhe aus und watet in der Elbe umher, dem einzigen Fluss Mitteleuropas, der 600 Kilometer ohne Staustufe fließt. Lediglich in Geesthacht, 25 Kilometer stromaufwärts, gibt es ein großes Wehr. Auch wenn der Strom so kurz vor Hamburg reguliert ist, kann er bei Hochwasser bis zum Deich über die Ufer treten. Die Vegetation ist daran angepasst. Das Gras auf der Böschung wird von Schafen kurz gehalten, man sieht und hört sie immer mal an verschiedenen Abschnitten ihre Büschel zupfen. Ein Geräusch, das zu den Flüssen in Norddeutschland gehört.

Weiter auf Rosenweide bis nach Wuhlenburg. Hinter dem Seeve-Sperrwerk links auf An der Seeve Richtung Stelle-Bahnhof (ausgeschildert).

Filigrane Wunder auf den Feuchtwiesen.

KM 20

4

Untere Seeveniederung

Zauberhafte Schachbrettblumen

Die Schachbrettblumenwiesen sind durch Zäune geschützt und dürfen nicht betreten werden. Am besten lässt man das Fahrrad stehen und wandert an Zaun und Wiesenrand entlang. Es lohnt sich, in die Hocke zu gehen, um die zarten Blumen ganz aus der Nähe zu betrachten: ihre schachbrettartige Zeichnung, die verschiedenen Lilatöne, das elegante Weiß. Mit Geduld sieht man die Dunkle Erdhummel von einer glockenförmigen Blüte zur anderen summen, um sie zu bestäuben. Einst war die karierte Blume durch die Intensivierung der Landwirtschaft vom Aussterben bedroht. Dieser Trend konnte hier zum Glück gestoppt werden. Ihre Samen können schwimmen und verbreiten sich bei Hochwasser über weite Strecken. Wenn sie keimen, dauert es sechs bis zwölf Jahre, bis sie das erste Mal blühen! Danach können sie über 30 Jahre alt werden.

Geradeaus weiter auf An der Seeve. Dabei immer mal wieder das Rad stehen lassen, um direkt an den kleinen Fluss zu gelangen.

KM 21,5

5

Am Junkernfeld

Kranich und Co.

Wegen des hohen Grundwasserstands werden die Wiesen in diesem Teil der Elbmarsch nur extensiv bewirtschaftet. Daher kann man mit Glück noch einige seltene Wiesenvögel wie Uferschnepfe, Großer Brachvogel, Bekassine und Rotschenkel beobachten. Es dauert, bis man die gut getarnten Vögel zwischen den hohen Grasbüscheln entdeckt, oft sind nur die Köpfe auszumachen. Bestimmen können sie nur die Profis, aber auch allen anderen macht es Spaß, ihre Sinne für die kleinen Wunder der Natur zu schärfen. Besser zu erkennen sind die grasenden Graugänse. Am Ufer des Junkernfeldsees stehen Reiher wie Statuen, Ansitzjäger, die sich vor allem von Fischen ernähren. Auf den Wiesen suchen Kraniche nach Nahrung, Glücksvögel mit grauem Gefieder. In der ganzen Elbmarsch brüten etwa 150 Vogelarten.

Noch ein Stück geradeaus, dann sucht man sich nicht weit von der Brücke einen Lieblingsplatz an der Seeve.

Wichtigstes Utensil: Fernglas zum Birdwatching.

Beine ausstrecken, die Augen in der Sonne schließen.

KM 22

6

Am Seeveufer

Picknick bei Flussgeplätscher

Dort, wo die Wiesen sanft zum Fluss hin abfallen, kann man es sich am Ufer auf einer Decke gemütlich machen und seine Brotzeit auspacken. An einer Stelle rauscht die Seeve sogar etwas, da Steine im ansonsten meist sandigen Flussbett liegen. Von Stromschnellen zu sprechen, wäre allerdings übertrieben. Am Ufer hat sich ein kleiner Kiesstreifen gebildet. Ein schöner Platz, den Radtag allmählich ausklingen zu lassen, wenn die Sonne tiefer steht und das Licht wärmer wird. Aus der Elbe schwimmen Kleinfische wie Stichling und Gründling die Nebenflüsse hinauf, wichtiger Bestandteil der Nahrungskette im Naturschutzgebiet. Die Seeve, fast am Ende ihrer 41 Kilometer langen Reise, schickt einen kalten Gruß aus der Heide: Ihr Wasser hat das ganze Jahr über nur sechs bis acht Grad.

Bis zur Brücke und über die Seeve. Weiter bis zum Seevengeti-Schild auf der linken Wegseite (Abstecher durchs Wäldchen zur Aussichtsplattform). Bis Hinter der Bahn. Links abbiegen, immer geradeaus bis zum Ausgangspunkt am Penellweg.

EXTRA INFOS:

Von Ende April bis Anfang Oktober fährt der **Radwanderbus Elb-Shuttle** auf 105 Kilometern in Form einer großen Acht durch die Winsener Elbmarsch (www.elb-shuttle.de). Man kann zum Beispiel auf der anderen Elbseite am Hamburger S-Bahnhof Bergedorf einsteigen (Hamburger Verkehrsverbund (HVV, S 21) und von mehreren Haltestellen, unter anderem vom Bahnhof Stelle, mit dem Metronom nach Hamburg zurückfahren. Von der Haltestelle Maschen Speckmannstraße, Heidehaus ist man mit dem Rad in elf Kilometern in Jesteburg und dort an der Haltestelle Jesteburg Freibad an den Heide-Shuttle angeschlossen.

Von März bis November fährt alle zehn Minuten eine Fähre vom Hoopter Fähranleger (Stopp 2; erlebnis-reederei.de/faehrbetrieb-2) auf die Hamburger Seite. Dort hat man von der Terrasse des ● **Zollenspieker Fährhauses** (www.zollenspieker-faehrhaus.de) einen fantastischen Blick auf die Elbe.

KM 26 » ZIEL

Bahnhof Stelle

Ausklang nach einem perfekten Tag.

Over
Hohendeicher See
Overwerder
Warwisch
Wraust
Elbe
Fliegenberger Strand
3
AUGEN AUF FÜR BLUMENZAUBER
Wuhlenburg
Klein-Rosenweide
Rosenweide
Herrendeich
Untere Seeveniederung
4
Seeve
Fliegenberger Werder
Fliegenberg
Hörsten
Junkernfeldsee
Wettern
Stelgraben
Am Seeveufer
6
5
Am Junkernfeld
Viehgraben
Steller See
Naturschutzgebiet Untere Seeveniederung und Over Plack
Asshauser Mühlenbach
Alter Kanal
Groten Brack
Maschener See
NACH STÖRCHEN SCHAUEN
Bahnhof Stelle
START & ZIEL
Pennekuhle
Stelle
PHV
Polizeihund-Sportverein-Stelle e.V.
NSG
A 39
Buchwedel
Neuer Kanal
Achterdeich
Steller Hochzeitwald
N
0
1
2 KM

AUF EINEN BLICK:

- **Start/Ziel:** Bahnhof Stelle (25 Min. ab/bis Hamburg; 24 Min. ab/bis Lüneburg)
- **Strecke/reine Radelzeit:** 26 km (Rundtour), 2 Std.
- **Höhenmeter:** ↗9 m ↘9 m
- **Wegbeschaffenheit:** Meist Asphalt oder gut befahrbarer Schotter. Neben dem Deich auch mal Pflastersteine oder Wiese.
- **Beste Zeit:** Schachblumenblüte zwischen Mitte April und Anfang Mai; ansonsten Frühling bis Herbst (kann zu jeder Jahreszeit windig sein, muss aber nicht).
- **Mitnehmen:** Fernglas, Vogelbestimmungsbuch, Picknickdecke.

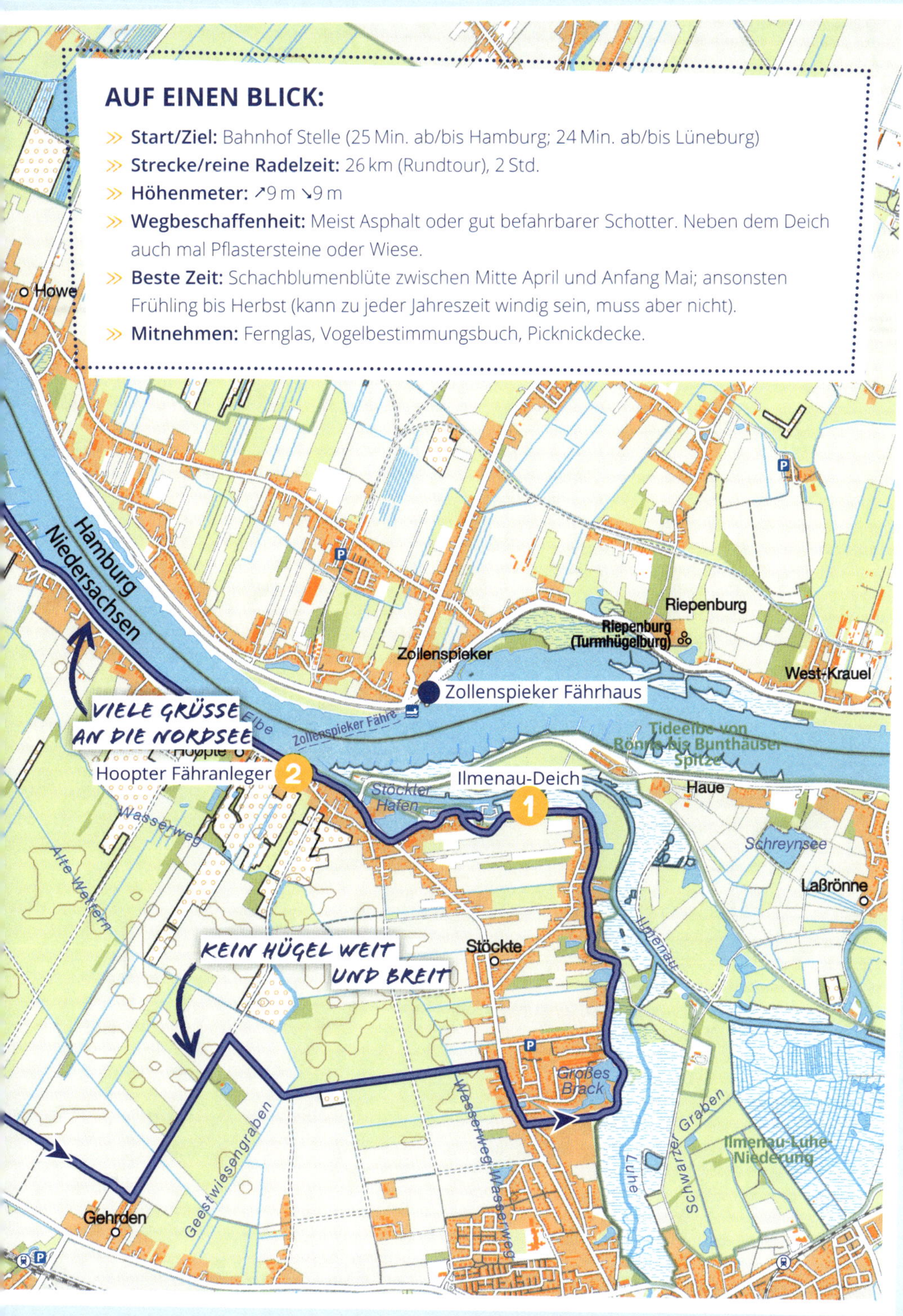

DIE RADELPAUSEN

» START
Bahnhof Winsen

KM 2
1 Café am Deich
Süße Einstimmung

KM 4,5
2 Restaurant Tidenhub
Genuss am Fluss

KM 6,5
3 Schöpfwerk Laßrönne
Nasses Land

KM 14,5
4 Landkäserei Fehling
Bullerbü hinterm Deich

7 DEICHGRÄFIN FÜR EINEN TAG

An der Ilmenau von Winsen nach Lüneburg

Schilfgeraschel und Flussgeschichten im Ohr, mit Glück Rückenwind. Besonders nette Einkehrmöglichkeiten und Rast auf Uferwiesen. So radelt es sich auf dem Ilmenau-Radweg. In Bardowick steht ein prächtiger Dom. Die letzten Meter geht es auf Kopfsteinpflaster in die Hansestadt Lüneburg hinein.

KM 16
5 An der Neetze
Kanuanleger

KM 20,5
6 Zum Aalkrug
Fischers Fritze

KM 28,5
7 Dom zu Bardowick
Backsteinschiff

KM 36,5 » ZIEL
Bahnhof Lüneburg

DURCH WINSEN FLIESST DIE LUHE, ...

» ... durch Lüneburg die Ilmenau. Kurz vor der Elbe verbinden sich die beiden Heideflüsse. Ihre Deiche weisen heute den Weg. Kaum ist man oben, hält man schon wieder an, weil man am Winsener Deich gleich zu Anfang die süßeste Einkehrmöglichkeit des Tages entdeckt: das **Café am Deich**. Weit ist das Land, in das man von der Deichkrone blickt. Es schwant einem, was für eine Kraft die Flüsse entfalten können, wenn sie bis dorthin vordringen. Die Ilmenau-Luhe-Niederung ist getüpfelt mit Bracks und durchzogen von einem Geflecht aus Gräben. Die Weiden winken mit ihren silbernen Blättern. In Stöckte tanzt ein roter Drache über den Dächern, dabei ist noch gar nicht Herbst. Man glaubt es kaum, aber in der Ilmenau herrscht in Elbnähe Ebbe und Flut, passend also, dass die nächste Einkehrmöglichkeit **Tidenhub** heißt.

DER WIND STREICHT ÜBER DAS SCHILF, ES SIEHT AUS WIE EIN GRÜNES MEER

Schnurstracks geht es weiter am Deich entlang, ein Storch startet nur ein paar Meter entfernt, so nah, dass man die Zeichnung seines Gefieders erkennt. In einiger Entfernung lässt er sich nieder und stakst auf seinem gedeckten Mittagstisch, einer saftigen Wiese, umher. In **Laßrönne** steht ein **Schöpfwerk**. Man fährt eine Schleife zwischen den Dörfern, die sich wie Perlen an einer Schnur an der Deichlinie entlangziehen. Vor Mover grasen Wildgänse auf einer Weide, Bauernhäuser überdauern in verwunschenen Gärten, sie haben wohl einige Jahrhunderthochwasser erlebt. In Fahrenholz betreibt die **Landkäserei Fehling** einen Hofladen. Und weil man so nah **an der Neetze** ist, die hier in die Ilmenau mündet, gibt es auch einen Kanuverleih. An einer Ilmenaubrücke, mitten in der Marsch, steht das Gasthaus **Zum Aalkrug**.

Idyll hinterm Deich: Immer mal abbiegen!

Der **Bardowicker Dom** ist ein gewaltiges Zeugnis der Backsteingotik. Im alten Stadtkern kurvt man an der windschiefen ehemaligen Domschänke vorbei. Wie ein grünes Band führt der historische Treidelpfad an der Ilmenau nach Lüneburg hinein. So hießen die Wege am Ufer, von denen aus Treidler einst die Schiffe zogen. Man kommt am Stint heraus, Lüneburgs berühmtes Kneipenviertel. «

RADELN & GENIEẞEN

»START
Bahnhof Winsen

Auf dem Bahnhofsplatz, der Bahnhofstraße, dann der Rathausstraße immer geradeaus Richtung Zentrum. Links auf den Schlossplatz, Beschilderung zum Schloss. Am Schloss vorbei bis zur Mühlenstraße. Auf der Marktstraße links. Geradeaus bis zum Altstadtring, diesen queren. Links vom Aldi der Beschilderung Luhe-Radweg auf den Deich folgen (kleiner Weg, leicht zu übersehen; nicht aus Versehen geradeaus auf der Hoopter Straße weiter).

Einkehr am Deich. Es duftet schon zur Tür hinaus.

Die Häuser hätten bestimmt viel zu erzählen.

KM 2

1 Café am Deich

Süße Einstimmung

Die Cafébetreiberin hat oben auf der Böschung eine Fahne aufgestellt, daneben eine Tafel mit verlockender Speisekarte. Gerne schiebt man sein Fahrrad den Hang hinunter, für den ersten Cappuccino am Tag ist immer Zeit. Bereits an der Tür duftet es nach frisch gebackenem Brot, Besucher:innen lassen sich ihr Frühstück schmecken, alles sieht köstlich aus. Man sitzt draußen an der Hauswand, den Himmel im Blick, an dem sich das Wetter alle paar Minuten ändert. So ist das meistens am Deich. (www.cafe-am-deich-winsen.de)

Luhe-Radweg auf dem Stöckter Deich circa zwei Kilometer bis Zur Seebrücke nehmen (überschneidet sich einen Kilometer mit Tour 6). Dort rechts. Auf dem Laßrönner Weg die Abzweigung links (vor der Brücke).

KM 4,5

2 Restaurant Tidenhub
Genuss am Fluss

Die Tische sind im weitläufigen Garten verstreut. Es wird lecker gekocht, die Alleinlage an der Ilmenau ist unbezahlbar. (tidenhub.business.site) Die Gezeiten der Nordsee (auch Tide genannt) reichen 120 Kilometer die Elbe hinauf, erst durch das Wehr in Geesthacht werden sie gestoppt. Die Ilmenau war schon immer davon betroffen. Bei Sturmfluten und Hochwasser konnten die Folgen katastrophal sein. Heute werden die Flüsse durch Deiche, Kanäle und Schöpfwerke in Schach gehalten, doch das war nicht immer so. Einige Marschhöfe erreichte man früher bei Hochwasser nur mit dem Boot. Oft verloren die Bauern ihre Ernte. Im 12. Jahrhundert holte man sich Niederländer für den Deichbau in die Gegend. Aber gezähmt wurden die Flüsse erst vor rund 150 Jahren.

An der Abzweigung links auf dem Seebrückenweg über die Ilmenau. Hinter den Bracks rechts auf den Feldweg, am Deich immer geradeaus.

Lässig und lecker: das Tidenhub an der Ilmenau.

Landzunge an der Ilmenau. Die Marsch wird durch unzählige Gräben entwässert.

KM 6,5

3 Schöpfwerk Laßrönne
Nasses Land

Schöpfwerke sind in der Marsch prägende Bauwerke. Zwar verhindern Sieltore, dass bei Hochwasser die größeren Flüsse in die Nebenflüsse und damit ins Landesinnere drücken. Doch sind die Tore geschlossen, stauen sich die kleineren Flüsse und Gräben dahinter auf und können nicht mehr abfließen. Früher traten sie dann über die Ufer. Heute sorgen Schöpfwerke dafür, dass das Wasser auf die andere Seite gepumpt wird, das in Laßrönne schafft 15 000 Liter in der Sekunde. Man liest die interessanten Infotafeln und betrachtet danach den Ilau-Schneegraben, der die Marsch entwässert, und die Ilmenau, in die er fließt, mit anderen Augen; ausgetüftelte Wasserwege, zu denen auch Wehre gehören. Einige dieser denkmalgeschützten Konstruktionen stehen noch an der Ilmenau.

Weiter am Deich entlang. Via Nettelberg und Tönnhausen bis Fahrenholz. Ersten möglichen Abzweig links (noch vor der Brücke) nehmen. Eine Runde im Uhrzeigersinn durch Dorf und Umgebung über An der Ilmenau, Mover Straße, Fahrenholzer Straße, Schulweg drehen.

KM 14,5

4 Landkäserei Fehling

Bullerbü hinterm Deich

Die schwarzbunten Kühe der Käserei weiden das ganze Sommerhalbjahr draußen, und wenn es das Wetter erlaubt, im Winter auch. Sie haben alle einen Namen und liefern die Milch für verschiedene Schnittkäsesorten: mit Bockshornklee, Basilikum und Knoblauch oder grünem Pfeffer. Aber auch Frischkäse hat der Laden im Angebot, außerdem feines Fleisch von frei laufenden Rindern, die genügend Bewegung haben und nicht künstlich gemästet werden. Der Hof ist seit dem 17. Jahrhundert in Familienbesitz. Sonntags ist Ruhetag, dann steht der grüne Traktor in seinem Unterstand. Er sieht aus, als hätte er schon 100 Jahre auf dem Buckel. In den Beeten blühen Stauden, und der Jack Russell schläft in der Hofeinfahrt. (www.landkaeserei-fehling.de)

Zurück auf An der Ilmenau. Vor dem Schöpfwerk Fahrenholz links. Auf dem Ilmenau-Radweg bis Oldershausen an der Neetze entlang (ausgeschildert).

Glückliche Schwarzbunte auf saftigen Marschwiesen.

KM 16

5 An der Neetze
Kanuanleger

Warum nicht mal eine Pause auf dem Wasser einlegen? Zumal an der Neetze so gut wie keine Strömung herrscht und man bequem an den Ausgangspunkt zurückpaddeln kann. Rauteg-Sports hat einen Sommerplatz mit Anleger eingerichtet, an dem bunte Fahnen wehen und wo sich Johannisbeeren und Kirschen gerade rot färben. Man kann von hier aus nicht nur mit Kanus, sondern auch mit SUPs auf Erkundungstour gehen. (www.rauteg-sports.de)

In Oldershausen auf dem Ilmenau-Radweg über die Neetze. Auf der Kastanienallee bis zur Oldershauser Hauptstraße, rechts. Nach etwa einem Kilometer vor der Ilmenaubrücke links. B 404 unterqueren. Immer geradeaus am Deich entlang.

Mal das Rad gegen Kanu oder SUP tauschen.

Es gibt natürlich auch Aal – aber nicht nur.

KM 20,5

6 Zum Aalkrug
Fischers Fritze

1886 als Fischräucherei mit ein paar Aalrezepten gegründet, ist das Restaurant heute eine Institution. Auf der Karte stehen Gerichte aus Fluss und Meer, aber auch vom Land. Es ist das einzige Haus weit und breit, man tafelt auf sonniger Terrasse. Nur ein Geheimtipp ist es nicht mehr, daher sollte man vorher reservieren. (www.zum-aalkrug.de) Wer keinen Platz mehr bekommt, hat eine perfekte Alternative. Dort, wo der Deich wieder näher an die Ilmenau rückt, fährt man hinunter auf die Wiesen (wenn sie schon gemäht sind) und setzt sich an den Fluss. Am Ufer säuselt das Schilf, die Deichwiesen ziehen sich als breites Band an der Ilmenau entlang, wertvoller Lebensraum für Wiesenvögel wie Wiesenpieper, die ihre Nistmulden auf dem Boden bauen. Daher sollte nicht vor dem 15. Juni gemäht werden.

Gleich hinter dem Aalkrug rechts, weiter am Ilmenaudeich. Nach circa 400 Metern Rast am Fluss möglich. Weiter am Neetze-Kanal. Rechts über den Kanal bis St. Dionys. Am Café Balagan links in den Widukindweg, gleich wieder rechts in den Heinrich-der-Löwe-Weg. Beschilderung nach Bardowick. Dort hinter der Ilmenau rechts via Kleine Brückenstraße, Huderstraße, Schulstraße zum Dom.

KM 28,5

7 Dom zu Bardowick

Backsteinschiff

Bardowick ist einer der ältesten Orte Norddeutschlands. Es gab eine Zeit, da war die Ilmenau nur bis dorthin schiffbar, ein klarer Vorteil gegenüber Lüneburg. Der beeindruckende Dom wurde 1146 das erste Mal erwähnt, er birgt Schätze wie das Taufbecken von 1367 und das originale Chorgestühl aus dem 15. Jahrhundert. Auch sonst lohnt sich ein Schlenker durch die kleine Stadt, die einst eine bedeutende Schifferstadt war. Was wurde auf der Ilmenau nicht alles transportiert: allem voran das Salz aus Lüneburg, aber auch Bier, Kalk und Holz. Auf dem Fluss gelangten die Ewer über Elbe und Elbe-Lübeck-Kanal bis in die Ostsee, elbabwärts nach Hamburg. Die Bardowicker bauen seit dem 15. Jahrhundert Gemüse an, das sie bis in die 1960er-Jahre mit Schiffen zum Hamburger Großmarkt transportierten.

Via Beim Dom und Domstraße bis Große Brückenstraße. Gegenüber in Blöckenstraße, via Bäckerstraße, Sankt-Willibald-Straße und Große Straße links zum St. Nikolaihof. Auf dem Kirchhof links bis zur Ilmenau. Auf dem Ilmenau-Radweg rechts bis Lüneburg. Reichenbachstraße unterqueren, geradeaus bis Am Stintmarkt. Links auf Lünertorstraße über die Ilmenau bis zur Bahnhofstraße. Rechts zum Bahnhof.

EXTRA INFOS:

Das ● **Winsener Schloss** wurde vermutlich um 1230 als Wasserburg erbaut. 1593 bezog Herzogin Dorothea das Schloss als Witwensitz. Heute tagt dort das Amtsgericht. Im Turm gibt es eine Ausstellung zu Reformation und Dreißigjährigem Krieg, die im Rahmen einer Führung besichtigt werden kann. (www.museum-im-marstall.de/ihren-besuch-planen/buchbare-angebote/fuehrungen)

In St. Dionys im ● **Café Balagan** trinkt man seinen Cappuccino unter einer Linde. Die Bistro-Karte von süß bis deftig, bisweilen orientalisch angehaucht, bietet ein köstliches Angebot. (www.balagan-cafe.de)

KM 36,5 » ZIEL

Bahnhof Lüneburg

Wahrzeichen der einstigen Schifferstadt: Bardowicker Dom.

Hafenkran aus dem 18. Jahrhundert am Lüneburger Stint.

AUF EINEN BLICK:

- » **Start:** Winsen/Luhe (20 bis 30 Min. ab/bis Hamburg Hauptbahnhof). Wichtig: Fahrradticket immer extra buchen.
- » **Ziel:** Lüneburg. Mit Metronom zurück nach Winsen/Luhe (etwa 15 Min.). Die Züge zwischen Winsen/Luhe und Lüneburg fahren zweimal in der Stunde. Die Radtour ist gut in beide Richtungen möglich.
- » **Strecke/reine Radelzeit:** 36,5 km (Streckentour), 3 Std. 30
- » **Höhenmeter:** ↗14 m ↘6 m
- » **Wegbeschaffenheit:** Sehr gut befahrbarer Radweg. Meist Asphalt, manchmal Schotter.
- » **Beste Zeit:** Wenn's warm und nicht zu windig ist.
- » **Mitnehmen:** Handtuch für die Rast am Ufer, Appetit.

SO SÜSSE DÖRFER!
Landkäserei Fehling
Anleger Kanuvermietung Rauteg-Sports
Restaurant Zum Aalkrug
Café Balagan
DER DUFT VON KIEFERNWALD
Dom zu Bardowick
DIREKT AN DER ILMENAU
Bahnhof Lüneburg
ZIEL
Eichholz
Tespe
Naturschutzgebiet Elbeniederung von Avendorf bis Rönne
AVENDORF
Hunden
Mover
Oldershausen
Fahrenholz
Bütlingen
Lüdershausen
Barum
Sangenstedt
Rottorf
Handorf
St. Dionys
Wittorf
Brietlingen
Brietlingen-Moorburg
Radbruch
Bardowick
Mechtersen
Vögelsen
Butterberg
32
OCHTMISSEN
Adendorf
GOSEBURG
Hohenheisterberg
36
Dönnsenberg
56
Weißer Berg
51
ZELTBERG
LÜNE
Kloster Lüne
WESTSTADT
Lüneburg
Tütenberg
43
Dachtmissen
Reppenstedt
SCHÜTZENPLATZ
B 404
A 39
B 209
B 4
B 4;B 209
NSG
Ilmenau
Neetze
Alte Ilau
4
5
6
7

DIE RADELPAUSEN

» START
Bahnhof Lüneburg

KM 1
1 Lüneburger Wochenmarkt
Heiteres Schlendern

KM 2
2 Deutsches Salzmuseum Lüneburg
Salz und Sau

KM 2,5
3 Lüneburger Gradierwerk
Salz in der Luft

KM 5
4 Leuphana Universität
Wissen schaffen

8

WEIßES GOLD

Lüneburg hat viele Seiten

Eine mittelalterliche Backsteinstadt, die auf Salz gebaut ist. Eine Uni mit spektakulärem Libeskind-Bau. Das Kloster Lüne aus dem 12. Jahrhundert und ein Blick vom Kalkberg auf drei gotische Kirchen. Seinen Sundowner genießt man am Alten Kran an der Ilmenau. Ein Tag wird für diese Hansestadt nicht reichen.

KM 10,5
5 Kloster Lüne
Kraftort

KM 13
6 Scunthorpeplatz
Salz unter der Stadt

KM 13,5
7 Kalkberg
Eigentlich aus Gips

KM 16 » ZIEL
Bahnhof Lüneburg

DIE SONNE SCHEINT, DIE GLOCKEN LÄUTEN

» Im Lüneburger Rathausturm hängt ein Glockenspiel aus Meißener Porzellan. Vor der weißen Barockfassade des Rathauses, einem der schönsten in Norddeutschland, findet mittwochs und samstags der **Wochenmarkt** statt. Reich wurde die Stadt einst mit ihrem weißen Gold: Im **Lüneburger Salzmuseum** auf dem Originalplatz der Saline erfährt man, wie es dazu kam. Der Kurpark mit seinen imposanten Kastanien erinnert an einen englischen Landschaftspark. Dort errichteten die Lüneburger 1907 ein **Gradierwerk**.

Nichts mit Salz und Backstein zu tun, hat die **Leuphana Universität** mit ihrem einzigartigen Gebäude. Und an der Ilmenau bekommt man stadtnah eine Ahnung davon, wie es früher in den Flussauen aussah. Wie in einer anderen Welt fühlt man sich am **Kloster Lüne**, das einst an der Saline beteiligt war. Am **Scunthorpeplatz**, auch als Frommepark bekannt, senkt sich der Boden. Man blickt auf die Folgen des Salzabbaus einmal aus ganz anderer Perspektive. Am Fuß des geschichtsträchtigen **Kalkbergs** lässt man sein Rad stehen und steigt hinauf (ist nicht anstrengend).

DIE ALTSTADT RUND UM DIE MICHAELISKIRCHE IST EIN SCHMUCKKÄSTCHEN

In Gassen wie der Oberen Ohlingerstraße und Am Meere bleibt man immer wieder stehen, legt den Kopf in den Nacken, um möglichst viele Details an den Fassaden der Giebel- und Traufenhäuser zu entdecken. Die Zierausfachungen an dem alten Eichenfachwerk, die Rundbogenluken, hinter denen früher die Lagerspeicher lagen, ehemalige Lastenaufzüge, Schnitzereien und goldene Inschriften. Und erst die Farben der Türen!

Backsteinverzierungen an den Häusern der Altstadt.

Am hölzernen Alten Kran im Wasserviertel mit seinen lustigen Cafés und Kneipen schaut man auf die Ilmenau. So beschaulich der kleine Fluss heute ist, so war er damals die Lebensader der Stadt. Mit dem Lastkran wurde das Holz, mit dem man die Öfen der Saline beheizte, von den Schiffen geladen. Das Salz zu sieden, kostete immense Energie. Das weiße Gold wurde ebenfalls mit dem Kran auf die Schiffe verladen. Im 16. und 17. Jahrhundert war Lüneburg Heimathafen von 50 Ewern. Auf Treidelpfaden wurden sie für ihre großen Reisen zur Elbe gezogen. «

RADELN & GENIEßEN

Wie es sich wohl heute darin wohnt?

»START

Bahnhof Lüneburg

Auf der Bahnhofstraße Beschilderung Richtung Zentrum folgen. Links auf Lünertorstraße über die Ilmenau. Hinter der Brücke links auf Am Stintmarkt. Bei der Abtspferdetränke rechts. Geradeaus auf Am Berge. Rechts in die Rosenstraße, später An den Brodbänken geradeaus bis Am Markt. Wenn es in der Altstadt eng wird, lieber schieben.

KM 1

1 Lüneburger Wochenmarkt

Heiteres Schlendern

Die Stände bieten Obst und Gemüse aus all den Landstrichen an, durch die man sonst so gerne radelt: aus der Lüneburger Heide, der Elbmarsch und dem Alten Land. Es gibt Äpfel, Knubberkirschen und Renekloden. Antipasti und Käse. Wirsing und Weißkohl, typisch für den Norden. Das Schönste aber ist die fröhliche Stimmung. Man holt sich einen Kaffee vom Coffee Bike und setzt sich auf eine der Bänke mitten auf dem Platz. Schöner kann eine Marktszenerie kaum sein. Den Lüneburger Markt gibt es offiziell seit 1350. Im Mittelalter wurden kostbare Gewürze wie Anis und Pfeffer angeboten, später auch Lakritz. Auf dem benachbarten Ochsenmarkt wechselten Rinder den Besitzer. So zeigt ein Stadtplan immer auch, was zu welchen Zeiten gehandelt wurde, und das war in der Hansestadt traditionell viel.

Weiße Pracht mit Glockenturm: das Lüneburger Rathaus.

Auf der Waagestraße links am Rathaus vorbei (Rathausgarten rechts ist sehenswert, bitte schieben). Am Marienplatz links. Links auf Neue Sülze. Immer geradeaus bis zur Salzstraße. Weiter geradeaus auf Bei der St. Lambertikirche. Beim St. Lambertiplatz rechts Auf dem Harz. Links auf den Parkplatz vom Salzmuseum.

KM 2

2

Deutsches Salzmuseum Lüneburg

Salz und Sau

Der Legende nach erlegten Jäger in den Ilmenau-Auen ein schlafendes Wildschwein mit weißen Borsten. Sie stellten fest, dass sein Fell salzverkrustet war. So begann um 956 eine sagenhafte Erfolgsgeschichte, denn unter Lüneburg liegt ein riesiger Salzstock, der 4000 Meter in die Tiefe reicht. Man leitete das salzhaltige Wasser durch ausgehöhlte Baumstämme in Solebrunnen und förderte es zutage. Dann wurde das Salz gesiedet. Das kostbare Weiß war existenziell, um Nahrung haltbar zu machen. Es wurde über Land, später über die Ilmenau, die Elbe und den Stecknitzkanal zum Lübecker Hafen transportiert, von dort nach Stockholm, Novgorod und Riga verschifft. Später bekam Lüneburg Konkurrenz durch das billigere Meersalz vom Atlantik. 1980 wurde die letzte Saline geschlossen. (www.salzmuseum.de)

Auf dem Radweg geradeaus an der historischen Saline vorbei. Rechts auf die Sülfmeisterstraße, links auf Hinter der Saline, geradeaus. Soltauer Straße queren. Links auf den Arthur-Illies-Weg, Beschilderung zum Kurpark folgen, Richtung Wandelhalle. Im Park schieben.

Wappentier mit Borsten: Lüneburg verdankt dem Wildschwein viel.

KM 2,5

3

Lüneburger Gradierwerk

Salz in der Luft

Diese Art von riesigen Holzgerüsten gab es nur an Orten mit Salzvorkommen. Zwischen das Gestänge mit Balken, Latten und Holzleitungen wurden Schwarzdornzweige gesteckt, an denen die Sole hinabrieselte und kristallisierte. Dabei entstand ein salziger Sprühnebel, der äußerst gesund für die Atemwege ist. Anderswo wurde das so gewonnene Salz weiterverarbeitet, das geschah in Lüneburg jedoch in der Saline. Das Gradierwerk sollte Kurgäste anziehen und wurde 1927 ausgebaut. Das unter Denkmalschutz stehende Bauwerk ist knapp 60 Meter lang und sieben Meter hoch. Es wird gerade renoviert, ist aber auch ohne das Geriesel sehenswert. Wer die wohltuende Wirkung des Salzes ausprobieren möchte: Ganz in der Nähe wird in der Salztherme Lüneburg SaLü bis heute eine Solequelle genutzt. (www.salue.info)

Geradeaus an der Konzertmuschel vorbeischieben. Auf dem Pfarrer-Kneipp-Weg rechts den Park verlassen, gleich links auf den Radweg. Beim Spielplatz rechts, gleich wieder links auf den Hasenburger Berg. Erste Abzweigung rechts. Soltauer Straße queren, links halten. Nach circa 400 Metern Soltauer Straße wieder queren, geradeaus in die Scharnhorststraße. Hinter Gebäude 12 rechts, dann geradeaus. Der Libeskind-Bau steht auf der linken Seite.

Mittelpunkt der Leuphana: das Hauptgebäude von Stararchitekt Daniel Libeskind.

KM 5

4 Leuphana Universität

Wissen schaffen

Als in den 1990er-Jahren die Bundeswehr aus der Scharnhorst-Kaserne auszog, fand man einen genialen neuen Verwendungszweck und siedelte den Campus der Uni in den Backsteinhäusern an. Aber es fehlte noch etwas: ein zentrales Gebäude, das für den innovativen Geist der Hochschule stand. Man gewann den Stararchitekten Daniel Libeskind, der auch das Jüdische Museum in Berlin geplant hat, für das Vorhaben. Der neue Bau, den er mit Studenten der Uni entwickelt hat, setzt einen Kontrapunkt zur nostalgischen Innenstadt. Kein Backstein, dafür eine Oberfläche aus Zink. Schräge Fassaden und asymmetrische Fenster. Es sieht grandios aus, macht neugierig, bürstet Traditionen gegen den Strich. Man möchte glatt noch mal anfangen zu studieren. Die Uni bietet Führungen an. (www.leuphana.de/universitaet/campus/rundgang.html)

Links am Uni-Zentralgebäude vorbei (schieben). An der Universitätsallee rechts, dann Straße queren und in den Düvelsbrooker Weg einbiegen, links auf dem Radweg zur Ilmenau. Rechts auf dem Amselweg über die Ilmenau. Erste Möglichkeit links auf Spechtsweg. Links auf An der Soltauer Bahn. Weiter auf Ilmenaugarten, dann Altenbrückerdamm. Lünertorstraße queren. Geradeaus auf Lüner Damm. Rechts auf den Radweg, Beschilderung Richtung Kloster Lüne. Am Domänenhof geradeaus. Rechts auf den Lüner Kirchweg.

Das Gradierwerk sorgte für salzhaltige Luft wie an der Nordsee.

AN DEM GERÜST RIESELTE DIE SOLE HINAB

Kunstvoll bemalte Holzdecke im Klostercafé.

KM 10,5

5 Kloster Lüne

Kraftort

Das Kloster wurde 1172 errichtet. Wie in den anderen Heideklöstern, sind es durchweg Frauen, die es seit Jahrhunderten bewohnen und führen. Die Klosteranlage hat einen eigenen Zauber: die alten Backsteinmauern, ein romantischer Kräutergarten, der rosenumrankte Eingang. Die Innenräume des Klosters können nur mit einer Führung besucht werden. Dort warten Kunstschätze aus Jahrhunderten. Ein 600 Jahre alter Bronzebrunnen, ein Kreuzgang mit mittelalterlichen Glasmalereien, bemalte Deckenbalken im Sommerremter. Im Nonnenchor hängt das Bild »Die Beweinung Christi« von Lucas Cranach dem Älteren, und in der Kirche steht eine mit Delfinen verzierte Barockorgel. (www.kloster-luene.de) Im Klostercafé kann man seinen Kuchen auf der klösterlichen Obstwiese genießen. (www.kloster-remise-jacobus.de)

Denselben Radweg zurück, nach circa 400 Metern rechts. Die Landstraße queren, rechts auf Lise-Meitner-Straße über die Ilmenau. Auf der Hude, links auf Am Alten Eisenwerk, dann auf dem Moldenweg immer geradeaus. Links auf die Stöteroggestraße. Hindenburgstraße queren, in die Bastionstraße. Der Scunthorpeplatz liegt auf der rechten Seite. Alternative: zurück zum Bahnhof, von dort durch die Altstadt.

KM 13

6 Scunthorpeplatz

Salz unter der Stadt

Man steht im sogenannten Senkungsgebiet über dem Salzstock, der immer noch auf einer Fläche von 1,2 Quadratkilometern unter Teilen der Lüneburger Innenstadt liegt. Nach wie vor werden die salzhaltigen Schichten unter der Erde durch Grundwasser ausgewaschen, und es kommt zu Bodenbewegungen, die nicht kontrollierbar sind. So senkte sich einst die Frommestraße um mehr als zwei Meter ab. Die angrenzenden Gründerzeithäuser waren so gefährdet, dass sie in den 1920er- und 1930er-Jahren und Anfang 2000 abgerissen werden mussten. Da nützte es auch nichts, dass sie unter Denkmalschutz standen. Die westliche Altstadt wird von Hunderten von Messpunkten überwacht, im Alltag spürt man von dem geologischen Phänomen nichts. Und doch, wenn man genau hinschaut: In Lüneburg steht so einiges schief.

Weiter auf der Bastionstraße. Am Graalwall rechts. Links auf Springintgut. Rechts auf die Neuetorstraße. Links auf Schlöbekeweg. Fahrrad an der Infotafel stehen lassen. Der Beschilderung auf den Kalkberg folgen.

Rosenumrankt: der Eingang zum Kloster.

Auf Salz gebaut: Einige Häuser mussten abgerissen werden.

KM 13,5

7 Kalkberg

Eigentlich aus Gips

Ein Naturschutzgebiet mitten in der Stadt: An den Bergflanken herrscht ein spezielles Klima. Dort blühen gefährdete Pflanzenarten, leben Fledermäuse und seltene Amphibien. Früher war das Plateau groß genug für das Michaeliskloster und die Burg der Billunger, auf der von 936 bis 1106 die Herzöge von Sachsen residierten. Nachdem die Lüneburger die Burg geschliffen hatten, trug man über Jahrhunderte den Gips ab und verwendete ihn für den Bau der wachsenden Stadt. Vermutlich steckt er noch in den ältesten Häusern. Von oben gut zu sehen sind die Kirchtürme der drei gotischen Hauptkirchen. St. Michaelis fast vis-à-vis, St. Nicolai (links) und St. Johannis (rechts). St. Lamberti, einst die vierte stolze Kirche der Stadt, musste 1860 wegen Bewegungen im Senkungsgebiet abgerissen werden.

Zurück auf die Neuetorstraße, rechts. An der Kreuzung rechts. Links auf die Görgesstraße, zum Johann-Sebastian-Bach-Platz, dann Auf der Altstadt. Rechts in Obere Ohlingerstraße. Wieder zurück zum Johann-Sebastian-Bach-Platz. Rechts an der Michaeliskirche vorbei. Rechts auf Auf dem Meere. Rechts auf die Eggersdorfstraße, links auf Am Marienplatz, an der Rathausrückseite vorbei, Am Ochsenmarkt rechts. Durch die Altstadt zurück zum Bahnhof.

EXTRA INFOS:

Wer nicht selbst durch die Stadt navigieren möchte, schließt sich einer der interessanten **Führungen** durch Lüneburg an. Die oben beschriebene Tour wird manchmal unter dem Motto »Lüneburg ganz nah« angeboten. Ausgesprochen lohnenswert ist die Führung durchs Lüneburger Rathaus. (www.lueneburg.info/fuehrungen)

Das ● **blaenk** betreibt im Sommer eine Terrasse am Alten Kran. Nachmittags bei Kaffee und Kuchen, abends bei Drinks und Snacks blickt man auf das historische Bauwerk, dessen Vorläufer schon 1330 hier stand. (www.barblaenk.com)

Für Längerbleiber: Mit dem **Heide-Shuttle** auf Ring 5 kann man am nächsten Tag noch einen Abstecher in die Lüneburger Heide machen, zum Beispiel nach Egestorf für Tour 3 (ab ZOB Lüneburg). (www.naturpark-lueneburger-heide.de > Heide-Shuttle).

KM 16 » ZIEL

Bahnhof Lüneburg

Naturschutzgebiet in der Stadt: der Kalkberg.

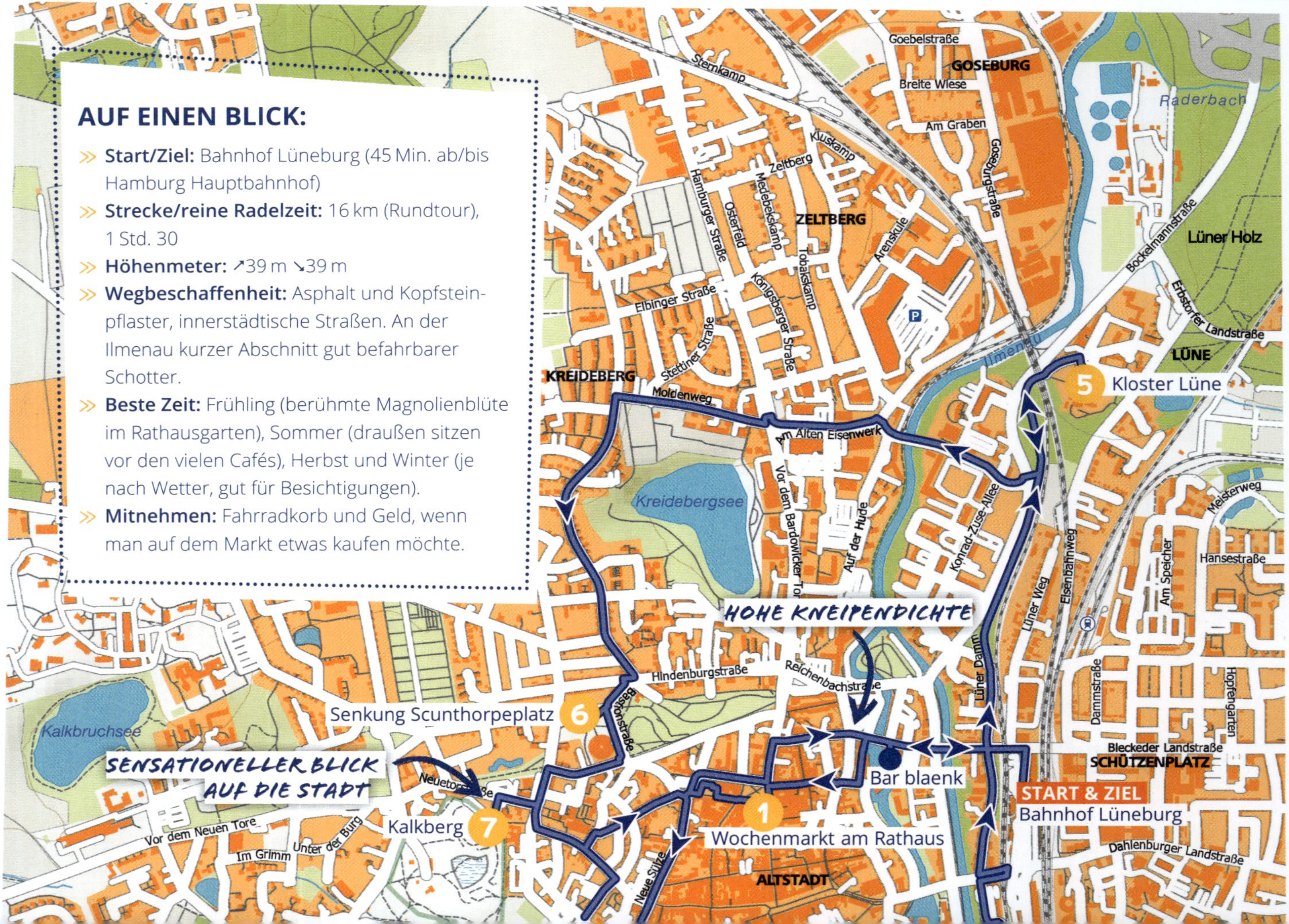

AUF EINEN BLICK:

- **Start/Ziel:** Bahnhof Lüneburg (45 Min. ab/bis Hamburg Hauptbahnhof)
- **Strecke/reine Radelzeit:** 16 km (Rundtour), 1 Std. 30
- **Höhenmeter:** ↗39 m ↘39 m
- **Wegbeschaffenheit:** Asphalt und Kopfsteinpflaster, innerstädtische Straßen. An der Ilmenau kurzer Abschnitt gut befahrbarer Schotter.
- **Beste Zeit:** Frühling (berühmte Magnolienblüte im Rathausgarten), Sommer (draußen sitzen vor den vielen Cafés), Herbst und Winter (je nach Wetter, gut für Besichtigungen).
- **Mitnehmen:** Fahrradkorb und Geld, wenn man auf dem Markt etwas kaufen möchte.

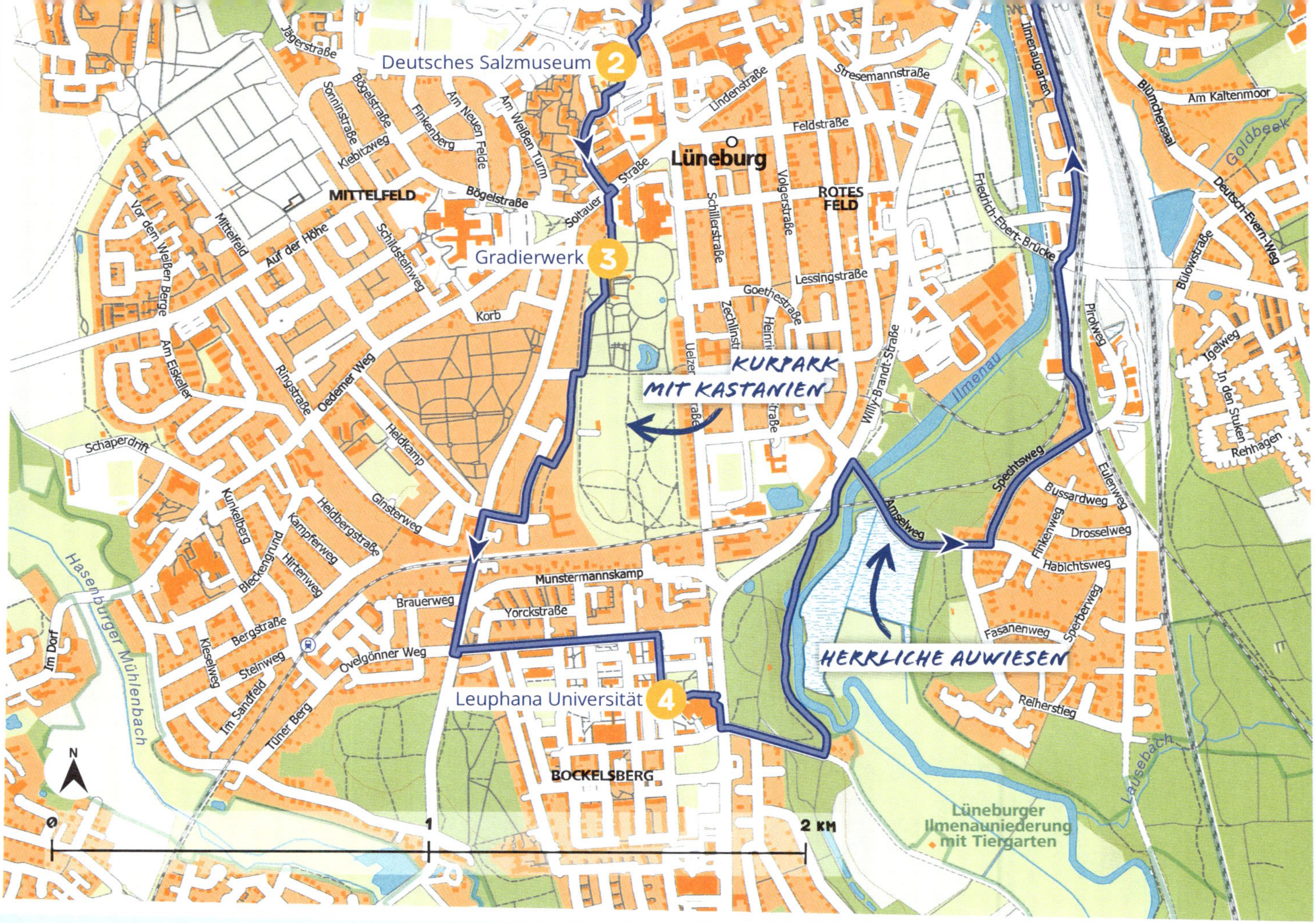
Deutsches Salzmuseum
2
Gradierwerk
3
Leuphana Universität
4
Lüneburg
ROTES FELD
MITTELFELD
BOCKELSBERG
KURPARK MIT KASTANIEN
HERRLICHE AUWIESEN
Lüneburger Ilmenauniederung mit Tiergarten
Ilmenau
Hasenburger Mühlenbach
Goldbeek
Lausebach
Jägerstraße
Stresemannstraße
Lindenstraße
Feldstraße
Schillerstraße
Volgerstraße
Lessingstraße
Goethestraße
Zechlinstr.
Uelzer Straße
Soltauer Straße
Willy-Brandt-Straße
Friedrich-Ebert-Brücke
Ilmenaugarten
Blümchensaal
Am Kaltenmoor
Deutsch-Evern-Weg
Bülowstraße
Pirolweg
Igelweg
In den Stuken
Rehhagen
Spechtsweg
Eulenweg
Bussardweg
Drosselweg
Finkenweg
Habichtsweg
Amselweg
Fasanenweg
Sperberweg
Reiherstieg
Munstermannskamp
Yorckstraße
Brauerweg
Ovelgönner Weg
Sonninstraße
Bögelstraße
Finkenberg
Am Neuen Felde
Am Weißen Turm
Klebitzweg
Schildsteinweg
Auf der Höhe
Mittelfeld
Vor dem Weißen Berge
Am Eiskeller
Korb
Ringstraße
Oedemer Weg
Heidkamp
Ginsterweg
Schaperdrift
Kunkelberg
Heidbergstraße
Kampferweg
Hirtenweg
Bleckengrund
Bergstraße
Kieselweg
Steinweg
Im Sandfeld
Tüner Berg
Im Dorf
N
0
1
2 km

DIE RADELPAUSEN

» START
Parkplatz am Schiffshebewerk

KM 0,5
1 Schiffshebewerk Scharnebeck
Was für ein Aufzug!

KM 2,5
2 Inselsee
Geht gut los

KM 6
3 An der Neetze
Lieblingsplatz

9

WASSER-HIGHWAY

Von Scharnebeck am Elbe-Seitenkanal entlang

Ein Wunderwerk der Technik und eine Wasserstraße. Schafe grasen auf dem Deich. Die Neetze, ein kleiner Fluss, auf dem Seerosen blühen, und zwei Seen, in denen man baden kann. In Artlenburg verlief einst eine Furt durch die Elbe. Grillengezirpe und Sommergezwitscher untermalen den Tag.

KM 15,5

4 Barumer See
Silber und Blau

KM 27

5 Artlenburger Deich
Alte Salzstraße

KM 34,5

6 Elbe-Seitenkanal
Schäfchen zählen

KM 39,5 » ZIEL

Parkplatz am Schiffshebewerk

FRACHTKÄHNE WARTEN AUF IHREN LIFT NACH OBEN

» Es gibt Bauwerke, vor denen man mit offenem Mund staunt. Das **Schiffshebewerk Scharnebeck** ist so eins. Ein Flusskreuzfahrtschiff wird gerade nach unten geschleust, um seine Reise auf dem Elbe-Seitenkanal fortzusetzen. Man radelt auf dem Deich entlang. An windstillen Tagen fährt es sich wie von selbst, in hohen Linden summen die Bienen. Nicht weit vom Kanal liegt der **Inselsee**.

Sobald man ins Hinterland abzweigt, ist alle Technik vergessen. Goldammern flitzen vorbei und lassen sich auf den Zweigen eines wilden Kirschbaums nieder. Er wird seine Früchte wohl nicht lange tragen. Apfelbäume stehen am Wegrand und tragen kleine grüne Kugeln, die noch Zeit zum Reifen brauchen. Die Wälder sind von Schilfgürteln umgeben, grüne Konzerthallen für Singvögel. Das Orchester probt noch, alle zwitschern durcheinander. Hinter jeder Kurve wartet ein neues Idyll. Die **Neetze** schlängelt sich durch die Wiesen wie auf einem Gemälde. Eine Bank an der schönsten Stelle erlaubt einen meditativen Blick zurück.

EIN SOG, DER EINEN IN DIE WEITE LANDSCHAFT ZIEHT: DAS IST NORDDEUTSCHLAND!

An zwei Stellen verbreitert sich die Neetze zu Seen: Reihersee und **Barumer See**. Man macht Strecke auf Wirtschaftswegen an Feldern entlang, kommt durch kleine Neetze-Dörfer wie Bütlingen und Lüdershausen. In **Artlenburg** an der Elbe fährt man natürlich erst einmal auf den Deich. Kurz hinter dem Ort mündet der **Elbe-Seitenkanal** in den Strom. Bei Hochwasser kann ein massives Sperrtor geschlossen werden. Hinter einem undurchdringlichen grünen Vorhang von hohen Bäumen und Gehölz liegt der Fehlingsbleck. Ein Specht tockt, man fährt in den Wald wie in einen Tunnel. Schutzraum für Vögel und wasserliebende Tiere.

Am Kanal herrscht goldene Abendstimmung. Zwei Schwäne weichen unaufgeregt zum Ufer hin aus, als sich ein Frachter nähert. Man findet einen Rastplatz am Fuß der Böschung. Auf den letzten Kilometern tauchen die Türme der Schleuse wieder auf. Den ganzen Tag über haben sie Schiffe verschluckt und wieder ausgespuckt. Zuletzt wohl den Kahn, der einem eben entgegenkam auf seinem Weg zum Hamburger Hafen. «

Elbphilharmonie: Fahrt bei frühsommerlichem Vogelkonzert.

Bis zu 100 Meter lange Schiffe können geschleust werden.

Gegenstück zum Schiffsverkehr: die gemütliche Neetze.

RADELN & GENIEẞEN

» START

Parkplatz am Schiffshebewerk

Vor bis zur Adendorferstraße fahren, der Beschilderung zum Schiffshebewerk folgen. Am Kreisverkehr rechts zum Informationszentrum.

Oben die Geest, unten die Marsch, dazwischen schweben die Schiffe.

KM 0,5

1 **Schiffshebewerk Scharnebeck**

Was für ein Aufzug!

Der Wasserstand der Elbe ist für die Verkehrsschifffahrt nicht zuverlässig genug. Sie ist daher zum größten Teil auf den Elbe-Seitenkanal ausgewichen, 115 Kilometer langes Bindeglied zwischen Mittellandkanal und Elbe und dadurch zur Nordsee. An der Stufe des Kanals von der Geest hinab zur Marsch steht das Schiffshebewerk wie ein riesiges Tor. In zwei Trögen werden bis zu 100 Meter lange Binnenschiffe samt Wasser 38 Meter nach oben beziehungsweise unten geschleust; mit 240 Drahtseilen und tonnenschweren Gegengewichten, Elektromotoren sorgen für den Antrieb. An der Besucherplattform schweben die Schiffe vorbei. Es gibt Gruppen- und öffentliche Führungen. Im Informationszentrum zeigt eine Ausstellung alles rund um das Hebewerk, das bei seiner Fertigstellung 1975 das höchste der Welt war. (www.schiffshebewerk-scharnebeck.de)

Zurück zur Adendorferstraße, am Schiffshebewerk vorbei. Dahinter rechts. Gleich wieder rechts runter zum Kanal. Auf dem Deich am Kanal entlang bis zum Inselsee radeln (ausgeschildert).

Gelegenheit zum Schwimmen: am Inselsee.

An der Neetze entlang, die Picknickbank ist nicht mehr weit.

WOLKENTHEATER GEHÖRT DAZU

KM 2,5

2 Inselsee

Geht gut los

Von hohen Bäumen und Hecken abgeschirmt, ist der See vom Weg aus nicht zu sehen. An seiner Nordseite ist er von großzügigen Liegewiesen umgeben, auf dem Sandstrand ist ein Volleyballnetz aufgestellt. Jugendliche pritschen den Ball hin und her. Ein Mann hält seine Angel in den See, eine Frau leistet ihm Gesellschaft. Ein Paar macht sich zum Baden fertig, draußen schwimmt schon jemand. Sehr verlockend, aber andererseits: Allzu lange ist man noch nicht unterwegs. Weiterfahren oder erst mal bleiben? Diese schwierige Frage muss jeder für sich selbst beantworten.

Weiter am Kanal entlang, nach etwa 1,5 Kilometern die Abzweigung nach links nehmen, auf dem Fischerdamm nach Fischhausen. Vor Fischhausen an der Abzweigung links, bis zur Neetze, dann am Fluss entlang (schmaler Pfad, lässt sich gut befahren). Picknickbank an der Wegbiegung.

KM 6

3 An der Neetze

Lieblingsplatz

Man schraubt das erste Mal die Thermoskanne mit Tee auf, heute nimmt man sich alle Zeit der Welt. Schwarzbunte grasen auf der anderen Flussseite, Trollblumen blühen am Neetze-Ufer. Echte Zaunwinden ranken sich an Schilfstängeln empor. Der kleine Fluss entspringt in der Görde, Norddeutschlands größtem Laubmischwaldgebiet, und mündet nach etwas mehr als 55 Kilometern in die Ilmenau. Ein Teil seines Wassers wird vorher in den Neetze-Kanal umgeleitet. Unzählige Gräben entwässern die Marsch, jeder einzelne Graben ist ein Biotop, in das Amphibien ihre Eier legen, in dem Kaulquappen heranwachsen und Mückenlarven schlüpfen.

Weiter bis zum Ende des Wegs, dann rechts. Links in den Maschweg, bei erster Gelegenheit rechts in den Feldweg einbiegen. Auf den Bergen, geradeaus bis B 209. (Wer die Tour abkürzen möchte, fährt nach rechts direkt nach Artlenburg, sechs Kilometer auf dem Radweg an der Bundesstraße.) Links, nach 500 Metern, zweigt auf der anderen Straßenseite ein Weg in die Marsch ab. Nach einem Kilometer links in den Wiesenweg (leicht zu übersehen) bis Brietlingen. Auf der Großen Straße rechts nach Barum. Im Ort auf Am See über die Neetze. Hinter der Brücke rechts. Badestellen nach circa einem Kilometer.

Seerosen am Barumer See.

KM 15,5

4 Barumer See
Silber und Blau

Am Nordufer liegen einladende kleinen Sandstrände. Was für eine willkommene Erfrischung an heißen Sommertagen! Weiden neigen ihre Zweige hinunter ins Nass, Seerosen blühen leuchtend gelb. Man schwimmt hinaus, lässt sich vom weichen Wasser umschmeicheln, dreht sich auf den Rücken und erspäht einen Silberreiher, der bewegungslos vor einem Schilfgürtel steht. Und dann, man traut seinen Augen kaum, erhascht man einen Blick auf einen blau schillernden Eisvogel, bevor er flugs im Röhricht verschwindet. Der Eisvogel wird auch »fliegender Diamant« genannt und ernährt sich von kleinen Fischen im See.

Weiter bis Bütlingen. Auf der Bütlinger Straße rechts. Rechts in Kötnerberg, bis Lüdershausen. Auf der Dorfstraße links, durch den Ort. B 209 queren, auf der anderen Straßenseite den Feldweg in die Marsch nehmen. Bei zweiter Gelegenheit links, dann wieder links bis B 209 (verkürzt den Abschnitt an der Bundesstraße). Auf dem Radweg an der B 209 rechts bis Marienthal. Hinter dem Dorf links, rechts auf der Marienthaler Straße bis Artlenburg. Links vor zum Deich.

KM 27

5 Artlenburger Deich
Alte Salzstraße

Ein Sportboothafen, dahinter die Elbe. Früher reichten die Gezeiten der Nordsee bis nach Artlenburg, ein geschichtsträchtiger Ort. Wenn die Ebbe einsetzte, stand die Elbe dort für kurze Zeit still. Sandbänke lagerten sich ab, und es entstand eine Furt über den sonst nur schwer zu überwindenden Strom. Karl der Große querte die Elbe hier 789 mit seinem Heer. Händler, Pilger und Salzfahrer nutzten den Übergang. Unter Heinrich dem Löwen wurde 1161 das Artlenburger Privileg verfasst, der erste schriftliche Vertrag, der einen friedlichen Handel zwischen zwei Ländern sicherte. Vor dem Gasthaus Nienau spendet eine Linde Baumschatten. (www.gasthaus-nienau.com) Auf einem benachbarten Dach füttert ein Storch gerade sein Junges im Nest.

Auf der Deichstraße zum Elbe-Seitenkanal. Am Sperrtor vorbei, B 209 unterqueren. Hinter der nächsten Brücke das Rad die Treppe hochtragen oder eine Schleife hoch zur Straße fahren. Über die Brücke auf die andere Kanalseite. Vorsicht: Man kommt nicht direkt an der Brücke wieder hinunter. Daher geradeaus in die Marsch, erste Gelegenheit nach rechts nehmen, nach circa 1,5 Kilometern wieder rechts zum Kanal, dann links auf dem Deich Richtung Scharnebeck.

KM 34,5

6

Elbe-Seitenkanal

Schäfchen zählen

Ein Handtuch ist schnell ausgebreitet, der Fahrradhelm abgesetzt. Wer noch etwas dabeihat, packt seine Brotzeit aus. Schafe mit ihren Lämmern blöken sich von beiden Seiten des Kanals zu, sie verstehen nicht, warum sie durch das Wasser getrennt sind. Sie verbreiten ihren typischen Schafsgeruch und mähen fleißig den Deich. Ab und zu staksen sie hinunter an den Kanal um zu trinken, vorsichtig, so scheint es, um dabei nicht ins Wasser zu fallen. Auf manchen Rücken sitzen kleine Vögel. Die Sonne, die schon tiefer steht, glitzert auf der Wasserstraße. Ein Ruderer zieht zügig in seinem schlanken Boot vorbei, hin und zurück absolviert er etliche Bahnen.

Am Kanal zurück zum Schiffshebewerk.

EXTRA INFOS:

Am Schiffshebewerk selbst starten für Besucher keine Barkassendurchfahrten mehr. Aber von April bis Oktober werden ab **Artlenburg** (Vorsicht: Start nicht am Sportboothafen, sondern etwa 700 Meter elbaufwärts am ● **Fahrgastanleger**) sowie Lauenburg Touren auf dem Fahrgastschiff »Lüneburger Heide« auf dem Elbe-Seitenkanal und durch das Schiffshebewerk angeboten. Fahrradmitnahme, soweit Platz ist, ist möglich. (www.personenschifffahrt-wilcke.de)

KM 39,5 » ZIEL

Parkplatz am Schiffshebewerk

Ab und zu zieht ein Ruderer vorbei – vielleicht die schönste Rast des Tages.

Mit dem Boot bis zur Nordsee: ist von hier aus möglich.

Sandkrug
Glüsing
Hohes Elbufer zwischen Tesperhude und Lauenburg
Artlenburger Deich
5
Fahrgastanleger Artlenburg
B 5
Elbe
Schleswig-Holstein
Niedersachsen
Elbeniederung von Hohnstorf bis Artlenburg
Artlenburg
Alte Ilau
Lange Berg
Ilau-Schneegraben
Bütlingen
Tünshagen
Over
Marienthal
BIKE AND SWIM
Metzensee
B 209
Lüdershausen
4
Badestelle Barumer See
Barum
Barumer See
Ilau-Schneegraben
Weckenstedt
NSG
Reihersee
Neetze
OHREN-BETÄUBENDES VOGEL-GEZWITSCHER
Elbe-Seitenkanal
Lieblingsplatz an der Neetze
3
Fischhausen
St. Dionys
Brietlingen
Neetze
6
Rast am Elbe-Seitenkanal
Neetze-Kanal

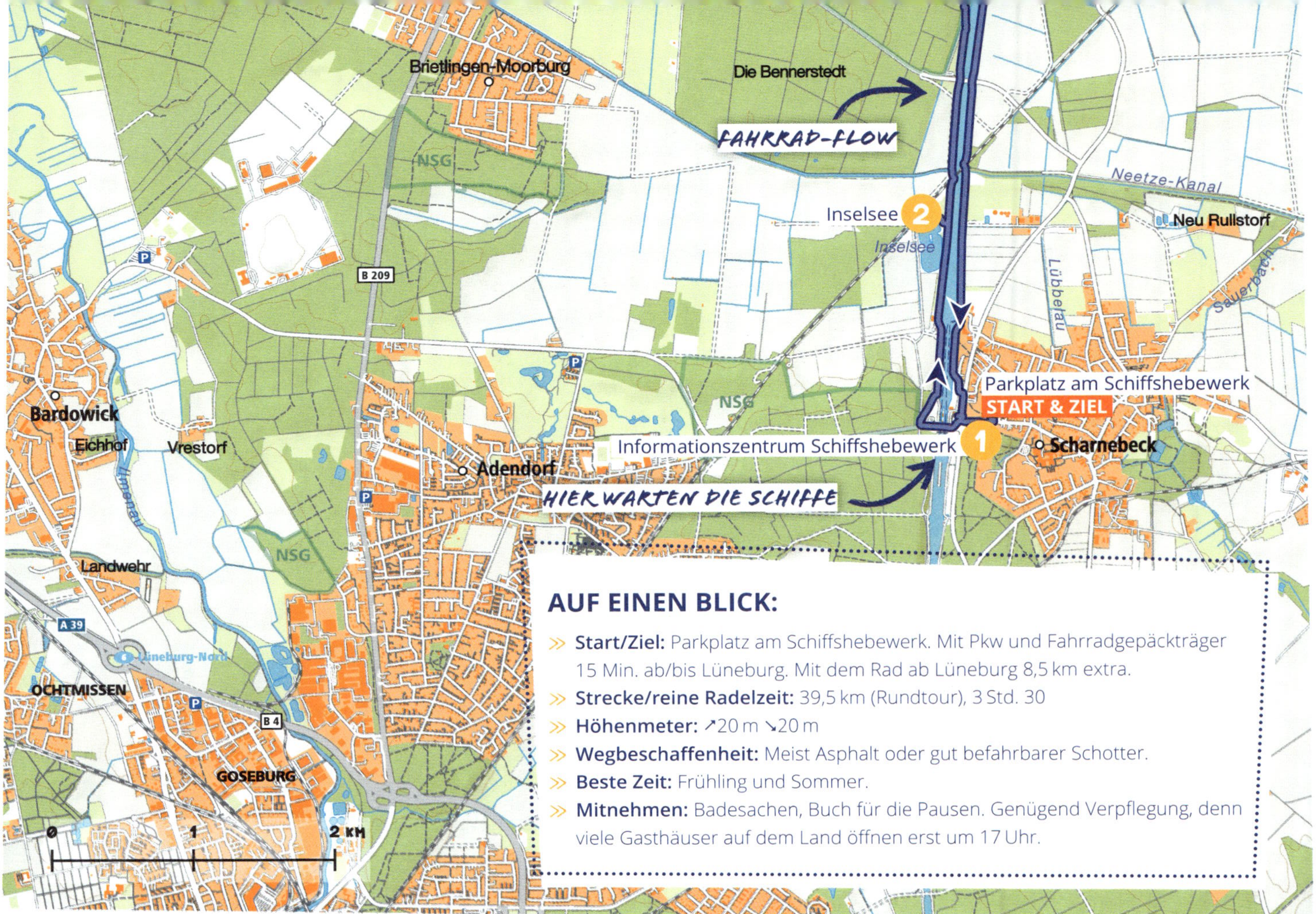

AUF EINEN BLICK:

- **Start/Ziel:** Parkplatz am Schiffshebewerk. Mit Pkw und Fahrradgepäckträger 15 Min. ab/bis Lüneburg. Mit dem Rad ab Lüneburg 8,5 km extra.
- **Strecke/reine Radelzeit:** 39,5 km (Rundtour), 3 Std. 30
- **Höhenmeter:** ↗20 m ↘20 m
- **Wegbeschaffenheit:** Meist Asphalt oder gut befahrbarer Schotter.
- **Beste Zeit:** Frühling und Sommer.
- **Mitnehmen:** Badesachen, Buch für die Pausen. Genügend Verpflegung, denn viele Gasthäuser auf dem Land öffnen erst um 17 Uhr.

DIE RADELPAUSEN

» START
Bahnhof Uelzen

KM 0
1 Hundertwasser-Bahnhof Uelzen
Verspielt und märchenhaft

KM 10
2 Distelwiese
Schmetterlingspirsch

KM 17,5
3 Kloster Ebstorf
Himmel auf Erden

KM 28
4 Süsing
Waldbaden mit Rad

10 WALD, LAND, FLUSS

Durch den Süsing von Uelzen nach Lüneburg

Ein Bahnhof, wie man ihn noch nie gesehen hat, und ein Kloster, aus dem eine mittelalterliche Weltkarte stammt. Schmetterlingsglück und ein riesiges Waldgebiet, in dem Rotwild und Wildschweine leben. An der Ilmenau lässt man den Radtag ausklingen, der lang, aber äußerst abwechslungsreich ist.

KM 35
5 Barnstedt
Sommerfarben

KM 47
6 Forsthaus Rote Schleuse
Auftanken

KM 49,5
7 Ilmenau
Chillen am Fluss

KM 53 » ZIEL
Bahnhof Lüneburg

DER TAG BEGINNT FRÖHLICH UND FARBENFROH

» Wo gibt's denn so was? Ein **Bahnhof**, an dem man sofort gute Laune kriegt? Genau: in **Uelzen**. Gleich vor den Toren der Stadt beginnt ein ausgedehnter Mischwald. Ein sanfter Wind streift über die Arme, mal erfrischend, dann wieder warm. Genauso ändern sich die Gerüche. Erst würzig, dann riecht es kurz nach Pilzen. Ein Walnussbaum trägt Nüsse in dicken grünen Schalen. Der Wald öffnet sich, sommersatte Felder ziehen sich bis nach Barnsen. Einige sind schon abgeerntet, dann riecht es nach Stroh, das in großen Ballen aufgestapelt ist. Es herrscht Sonntagsruhe.

Mächtige Eichen werfen mittags kleine Schatten, da die Sonne direkt von oben scheint. Weizenähren wiegen sich vor blauem Himmel. Am Feldrand blühen **Disteln** in einem Brennnesselmeer. In Stadorf gackern Hühner, die ersten Hagebutten werden gerade reif. Ein Imker verkauft seinen Honig direkt ab Hof. In der Schwienau wuchsen früher Perlmuscheln. Der Landbevölkerung war es im Mittelalter bei drakonischen Strafen verboten, diese zu sammeln. Sie waren fürs Kloster, nach der Reformation für den Herzog von Braunschweig-Lüneburg bestimmt.

UNTER DEN RÄDERN KNACKEN ZAPFEN, VON FICHTEN UND KIEFERN AUF DEN WEG GESTREUT

Im **Kloster Ebstorf**, eines der sechs mittelalterlichen Heideklöster, wurde ein kleines Weltwunder geschaffen. Auf Hanstedt II folgt Eitzen I, danach beginnt der **Süsing**, eins der größten Waldgebiete in der Lüneburger Heide. Wie ein Feuerwerk leuchtet vor **Barnstedt** ein Vogelbeerbaum. Ein buntes Schild vom Hof »Vorwärts Grün« lädt zum Blumenpflücken ein. Viele kleine Bäche durchziehen die Gegend, sie streben alle zur Ilmenau, die man bei Deutsch Evern überquert. Um im Biergarten vom **Forsthaus Rote Schleuse** einzukehren, wechselt man kurz die Flussseite.

Die Sonne schickt ihre Abendstrahlen zwischen den Baumstämmen hindurch. An einigen Stellen kann man bis an die **Ilmenau** vorfahren. Später radelt man an dem kleinen Fluss nach Lüneburg hinein, der Kirchturm von St. Johannis ist über den Dächern zu sehen. Am nächsten Tag könnte man auf Tour 7 an der Ilmenau weiterradeln, dann in einer völlig anderen Landschaft. «

RADELN & GENIEßEN

Fließt friedlich durch die Au, kann aber auch anders: die Ilmenau.

» START
Bahnhof Uelzen

KM 0

1 Hundertwasser-Bahnhof Uelzen

Verspielt und märchenhaft

Manche sagen, er sei der schönste Bahnhof der Welt. Gestaltet anlässlich der Weltausstellung Expo 2000 in Hannover nach Ideen des österreichischen Malers, Architekten und Umweltschützers Friedensreich Hundertwasser (1928–2000) zeigt er, dass auch ein prosaischer Ort ein Gesamtkunstwerk sein kann. Überall stehen Säulen, glasiert in den schönsten Farbkombinationen. Typisch für Hundertwasser tragen einige eine goldene Kugel, andere sind zusammengesetzt wie ein Mosaik. Die Treppen, die Bodenfliesen, alles ist geschwungen. Das ganze Ensemble bewegt sich zwischen Marokko und Toskana. Es gibt eine Ausstellung zu Leben und Werk des Künstlers, der einst nach drei Monaten die Hochschule der bildenden Künste in Wien abgebrochen hat. Durch den Bahnhof werden Führungen angeboten. (www.hundertwasser-bahnhof.de)

Bahnhof-Ranking? Dann läge Uelzen auf Platz 1.

Richtung Zentrum bis zur Bahnhofstraße. Rechts auf Sternstraße. Am Kreisverkehr links auf Am Stadtgut. Rechts auf Hagenskamp. Immer geradeaus bis zum Stadtwald. Links auf Fichtengrund, am Wildgatter rechts Richtung Barnsen. Im Wald vierter Querweg nach rechts bis Barnser Weg. Links bis Barnsen. Im Ort rechts auf die Eichenstraße, links auf die Landstraße. Hinter dem Ort gleich den ersten Feldweg rechts nehmen.

KM 10

2 Distelwiese
Schmetterlingspirsch

Ein Feldweg, an sich nicht spektakulär. Aber wer stehen bleibt, sieht, was an dem überwucherten Wiesenstreifen los ist: jede Menge Schmetterlinge über dem Blütenmeer. Hummeln summen von lila Knopf zu lila Knopf. Zeit, das Rad abzustellen, auf Fotopirsch zu gehen, dabei das Brennen der Nesseln zu ignorieren. Sobald man innehält, entdeckt man mindestens vier Schmetterlingsarten: Pfauenauge, Grünader-Weißling, Kaisermantel und Kleiner Perlmuttfalter. Sie mit der Handykamera gut zu erwischen, ist schwer: Sie sind so scheu! Auch Käfer und Schwebefliegen sind unterwegs, Bienen sowieso. Solche Pausen können großartig sein, vermutlich im Sinne Hundertwassers, der schrieb: »Wir haben Humus und Sauerstoff / Tiere und alle Farben / ferne Länder und Fahrräder, wir haben Sonne und Schatten / wir sind reich.«

Weiter bis Stadorf. An der Freiwilligen Feuerwehr vorbei, über die Schwienau. Dahinter gleich rechts, zweite Abzweigung links bis Altenebsdorf. Auf der Dorfstraße rechts durch den Ort, links in die Celler Straße. In Ebstorf die Hauptstraße queren, auf der Lüneburger Straße weiter. Links auf den Kirchplatz bis zum Kloster.

Perlmuttfalter lieben lila Blüten.

KM 17,5

3 Kloster Ebstorf
Himmel auf Erden

Das Kloster wurde vermutlich Mitte des 12. Jahrhunderts gegründet. Man bewundert die kostbaren Glasmalereien im Kreuzgang, die verzierte Kanzel in der 800-jährigen Kirche, den Nonnenchor mit drei Marienfiguren, die älteste aus dem 13. Jahrhundert. Man hatte sie während der Reformation in einer Wand eingemauert, um sie vor einem möglichen Bildersturm zu verstecken. Einmalig ist die Ebstorfer Weltkarte: rund, mit 3,60 Metern Durchmesser, um 1300 auf 30 aus Ziegenleder gefertigte und zusammengefügte Pergamentkarten gezeichnet. Eine der größten, wenn nicht die größte mittelalterliche Karte der Welt. Das Original wurde im Zweiten Weltkrieg bei einem Bombenangriff in Hannover zerstört, aber im Kloster hängt eine originalgetreue Replik. (Nur im Rahmen einer Führung zu besuchen: www.kloster-ebstorf.de).

Am Kirchplatz links auf den Superintendentengang. Rechts auf die Hauptstraße, dann die Tatendorfer Straße bis Hanstedt I. Rechts auf Am Berge, dann Wriedeler Straße. An der Kreuzung rechts in die Velger Straße, links auf Eitzer Straße bis Eitzen II, weiter bis Oechtringen. Der Beschilderung beziehungsweise dem grünem Radsymbol bis Barnstedt folgen.

Im Süsing lässt man sich vom Wald verschlucken.

KM 28

4 Süsing

Waldbaden mit Rad

Wald, Wald, so weit das Auge reicht. Am Wegrand wächst Fingerhut, Hummeln verschwinden fast in den glockenförmigen Blüten. Baumpilze an Stämmen sehen aus wie kleine Vordächer. Wilde Himbeeren nascht man von der Hand in den Mund. Auf einer Lichtung taucht ein Mäusebussard von weit oben in ein Meer aus Farnen. Er verschwindet darin, steigt wieder auf und lässt sich ohne Beute auf dem Ast einer Fichte nieder. Auf einem Holzschild steht »Hacke's Keiler Eck« und man fragt sich, wer Hacke ist, vielleicht der Förster. Der Wald ist bekannt für seine großen Schwarz- und Rotwildbestände. In einem Abschnitt, in den der Mensch nicht mehr eingreift, soll wieder Urwald entstehen. Es lohnt sich, zwischendurch stehen zu bleiben, gar nicht mal so wichtig, wo. Man entdeckt immer etwas.

Weiter bis Barnstedt. Das Blumenfeld liegt Am Apfelgarten, links vor dem Ortseingang.

Hinter den Klostermauern liegt eine andere Welt.

← SCHÄTZE IM KLOSTER ENTDECKEN

Auch wenn man nicht pflückt, eine Augenweide.

KM 35

5 **Barnstedt**

Sommerfarben

Wer mit einem Fahrradkorb unterwegs ist, kann sich auf dem Blumenfeld einen fröhlichen Sommerstrauß zusammenstellen. Es stehen Gießkannen herum, vielleicht hat man ein Tuch dabei, das man nass machen kann, um die Stiele darin einzuwickeln. Aber auch sonst ist der Garten mit dem Feld ein idyllisches Fleckchen. Ein Tisch mit ein paar Stühlen, ein Beet, in dem die Kürbisse orangene Farbe tanken. Auf einer Bank werden Zucchini angeboten. Genau wie bei den Blumen, darf man so viel bezahlen, wie sie einem wert sind. Auch das Dorf ist hübsch. An einem Haus rankt Wein, unter Obstbäumen ist eine Hängematte gespannt. Ein Hof hat hellblaue Türen, sogar der Kartoffelstand ist im selben Ton gestrichen.

Auf Am Apfelgarten bis zur Hauptstraße. Links, am Mühlenteich vorbei, rechts in den Mühlenberg einbiegen bis Kolkhagen. Auf Im Dorfe, Beschilderung nach Melbeck. Dort auf Heinser Weg, links in Ebstorfer Straße. An der großen Kreuzung über die Uelzener Landstraße Richtung Deutsch Evern. Hinter der Ilmenaubrücke links auf An der Ilmenau. B4 unterqueren, auf Rote Schleuse, links über die Brücke. Erster Weg rechts.

KM 47

6 **Forsthaus Rote Schleuse**

Auftanken

Hier stand schon 1840 eine Waldwirtschaft für Ausflügler aus Lüneburg. Es gibt bayerische Spezialitäten wie Brezeln mit Obazdem oder Leberkäse mit Kartoffelsalat. Oder ein Eis auf die Hand. Auf jeden Fall stellt sich sofort sommerliche Entspanntheit ein, sobald man an den Holztischen Platz nimmt. (www.forsthaus-roteschleuse.de) Frisch gestärkt fährt man weiter durch die Ilmenauniederung. In dem Naturschutzgebiet gehen Feuchtwälder und Wiesen ineinander über, bedrohte Tierarten wie Tümpelsumpfhuhn und Wachtelkönig leben dort. Im Winter werden die Auewiesen regelmäßig überschwemmt, sodass sich Sümpfe und Sumpfdotterblumenwiesen bilden können.

Über die Brücke zurück, dahinter links. Nach circa 1,5 Kilometern links zur Teufelsbrücke oder etwa 500 Meter geradeaus weiter Richtung Lüneburg.

Die Radtour ist lang: verdiente Rast an der Roten Schleuse.

KM 49,5

7 Ilmenau

Chillen am Fluss

Im Fluss spiegelt sich die Sonne, das Wasser sieht einladend aus. Vielleicht nach einem heißen Tag auf dem Rad jetzt die Schuhe ausziehen und die Füße in den Fluss halten? Oder ein paar Züge schwimmen? Die Lüneburger lassen sich manchmal ein Stück abwärts treiben und gehen zu Fuß zur Einstiegsstelle zurück. Gegen den Strom zu schwimmen, ist zu anstrengend. Über die geschwungene Teufelsbrücke gelangt man an eine kleine Uferwiese, zwei Freundinnen haben ihre Räder abgestellt und eine Picknickdecke ausgebreitet. Anschließend fährt man zurück auf die rechte Flussseite. Kommt an einem kleinen Holzsteg vorbei, ein weiterer Platz an der Ilmenau. Die Sommerabende sind lang und lau, warum nicht noch einmal halten?

Geradeaus etwa drei Kilometer weiter bis zur Dahlenburger Landstraße. Ein kurzes Stück rechts, vor der Brücke die Straße überqueren, auf der Bahnhofstraße zum Bahnhof.

Ein kleiner Steg, mehr braucht es nicht.

EXTRA INFOS:

Jerusalem im Mittelpunkt der Erde und Karte, Rom und die Salzquellen bei Lüneburg, die Lebensstationen Alexander des Großen, Menschen, die auf Krokodilen im Nil reiten – all das ist auf der **Ebstorfer Weltkarte** zu entdecken. Zusammen sind es 2300 Bilder und lateinische Texte. Die Leuphana Universität in Lüneburg hat eine digitale, interaktive Karte mit den übersetzten Texten erstellt, eine Fundgrube! (warnke.web.leuphana.de/hyperimage/EbsKart)

Die Radtour ist relativ lang, und unterwegs gibt es kaum Einkehrmöglichkeiten. Eine sehr nette ist ● **Sinja's Café am Kloster**. Bietet sich an, wenn man auf den Beginn der Klosterführung warten muss. (www.cafe-ebstorf.de)

Wer am nächsten Tag auf Tour 7 bis Winsen weiterradeln möchte (auf Seite 74 in entgegengesetzter Richtung), kann im Bed & Breakfast ● **SahaRa** in einem wunderhübsch sanierten, denkmalgeschützten Altstadthaus von 1729 übernachten. Sichere Fahrradunterbringung im Innenhof. (sahara-bed-and-breakfast-lueneburg.de)

KM 53 » ZIEL

Bahnhof Lüneburg

AUF EINEN BLICK

» **Start:** Bahnhof Uelzen (22 Min. ab/bis Lüneburg; Tour auch andersherum möglich)

» **Ziel:** Bahnhof Lüneburg

» **Strecke/reine Radelzeit:** 53 km (Streckentour), 4 Std. 30

» **Höhenmeter:** ↗71 m ↘97 m

» **Wegbeschaffenheit:** Asphalt oder gut befahrbarer Schotter. Kurz auch Kopfsteinpflaster oder Radweg an der Landstraße.

» **Beste Zeit:** Frühling und Sommer; im Herbst mit Laubfärbung in den Wäldern, Klosterführungen nur im Sommerhalbjahr.

» **Mitnehmen:** Genügend Zeit, Fahrradkorb, Handtuch und Badesachen, unbedingt ausreichend Getränke.

1 Hundertwasser-Bahnhof Uelzen
START
2 Distelwiese
3 Kloster Ebstorf
Sinja's Café am Kloster
DUFT NACH PILZEN
Holthusen I
Hanstedt I
Wessenstedt
Hohenbünstorf
Barum
Tätendorf-Eppensen
Der Lohn
Jastorf
Oetzendorf
Jastorfer See
Vinstedt
B 4
Wriedel
NSG
Bode
Allenbostel
Im Sieken und Bruch
Emmendorf
Brockhöfe
Ebstorf
Bohenwald
Masendorf
Maschbruch
Melzingen
Kirchweyhe
Molzen
Riestedt
Schwienau
Oldenstädter See
B 191
B 71
Barnsen
Groß Süstedt
Gerdau
Bohlsen
Uelzen
Eimke
Wichtenbeck
Brambosteler Moor
Kiehnmoor
Dreilingen
N
0 1 2 KM

DIE RADELPAUSEN

» START

Parkplatz Heidesee & Wassermühle, Müden (Örtze)

KM 9

1 Weesener Bach

Kneipp lässt grüßen

KM 12,5

2 Lutterloh

Heidefest auf dem Dorfplatz

KM 20

3 Oberoher Heide

Lila Pause

11 IM HEIDE-HIMMEL

Von Müden (Örtze) durch die Teufelsheide

Heidehöfe unter Eichen und ein tausendjähriger Ort. Barfuß im Bach, dazu Schäfchenwolken am Himmel. Man fährt durch Wacholderwälder und rastet an einem Gipfelkreuz. Das Luftbrückenmuseum in Faßberg erinnert an die »Rosinenbomber«, die dort starteten, um die Bewohner:innen von Berlin zu versorgen.

KM 25,5
4 Schmarbecker Wacholderheide
Lebensbäume

KM 31
5 Luftbrückenmuseum Faßberg
Atem der Geschichte

KM 38
6 Ole Müllern Schün
Bezauberndes Bauerncafé

KM 39 » ZIEL
Parkplatz Heidesee & Wassermühle, Müden (Örtze)

EICHEN WERFEN IHRE SCHATTEN …

» … auf das hohe Backsteingemäuer am Ufer der Örtze. An dieser Stelle stand schon 1438 eine Kornmühle in Müden, später kam noch eine Sägemühle dazu. Der kleine Heidefluss prägte das Leben im Dorf. In Weesen reifen Tomaten an Backsteinwänden, noch ein paar Tage, und sie sind knallrot. In den Beeten blüht blauer Rittersporn. Beeindruckende alte Anwesen stehen in Eichenhainen: das Haupthaus mit bemalter Tür, Treppenspeicher, Scheune und Ställe. Der Heideschriftsteller Hermann Löns hat über das Leben auf solchen Höfen geschrieben.

Ein unscheinbarer Weg, der in den Wald abzweigt, weckt Neugier. Er führt zum **Weesener Bach**, der, bevor er in die Örtze mündet, durch Erlenwälder und Reste von Bruch- und Sumpfwäldern fließt. Auf dem Dorfplatz in **Lutterloh** wird gerade ein Heidefest gefeiert. Der Fahrtwind in den Kiefernwäldern ist angenehm erfrischend. Erste Wacholder tauchen auf. In dichten Gruppen stehen sie zusammen, manche ragen wie eine Wand vor einem auf. In der **Oberoher Heide** verzaubert ein lila Panorama, am Wegrand wachsen Brombeeren. Am Himmel ruhen sich ein paar Schäfchenwolken aus.

DIE WALDWEGE SIND NOCH FEUCHT, AN GRÄSERN UND SPINNWEBEN GLÄNZT TAU, ES RIECHT NACH MOOS

Am Stamm einer Eberesche bilden Baumpilze eine kleine Treppe. Wer weiß, wer oben wohnt. Warmer Wind weht einem entgegen, als blase es aus einem Föhn. Und jetzt erreicht man ihn: den **Schmarbeker Wacholderwald** auf der Dübelsheide. So viele dieser immergrünen Sträucher auf einem Fleck! Fast schade, dass das Wetter so gut ist, denn im Herbst bei Nebel, auch in der Dämmerung, wirken sie besonders geheimnisvoll. Friedlicher kann eine Landschaft allerdings kaum sein. Dass dem nicht immer so war, daran erinnert das **Luftbrückenmuseum in Faßberg**. In Poizen blüht ein Bauerngarten in Sommerfarben. An Wildrosen hängen dicke Hagebutten. Am Heidesee in Müden sitzt man auf einem Steg in der Abendsonne. Später radelt man auf Kopfsteinpflaster ins Dorf hinein. Beim Café **Ole Müllern Schün** wartet schon eine Baumbank unter einer dicken Eiche. «

Die Wegzehrung ist noch nicht reif.

Faßberg: Gipfelglück gibt's auch auf kleinen Hügeln.

Nostalgie: Milchwirtschaft vergangener Zeiten.

Nicht zum Baden, aber trotzdem schön: der See in Müden.

RADELN & GENIEßEN

Völlig ungeplant: einer der schönsten Momente des Tages.

» START

Parkplatz Heidesee & Wassermühle, Müden (Örtze)

Vom Parkplatz rechts auf Unterlüsser Straße. Links auf Wiesenweg, Beschilderung Richtung Weesen. Im Ort rechts auf Weesener Straße. An der Kreuzung links auf Weesener Straße bleiben. Über Weesener Bach. Links auf Raakamper Weg Richtung Lutterloh. Achtung: Am Heidehotel Gut Landliebe links halten, auf Raakamper Weg bleiben, nicht auf dem Postweg weiter. Nach dem letzten Hof nach etwa zwei Kilometern auf einen kleinen Weg links.

KM 9

1 Weesener Bach

Kneipp lässt grüßen

An einer kleinen Brücke gelangt man bequem an das sandige Bachbett. Zwei Freundinnen sitzen auf einem Baumstamm und lassen ihre Füße ins Wasser baumeln. Das verlockt, selbst die Schuhe auszuziehen. Der Boden ist weich, das Wasser so kalt, dass es auf den ersten Metern fast wehtut. Aber man gewöhnt sich schnell daran, die Erfrischung tut gut. Wie bei Kneipp, denkt man, und watet ein Stück bachaufwärts. Das Wasser gluckst leise, sonst ist nichts zu hören. Die Bäume wachsen bis ans Ufer und spiegeln sich im Bach. Die Füße prickeln, man kann sich nur schwer trennen. Einer dieser Lieblingsmomente, die sich vorher nicht planen lassen. Um sie zu erleben, hilft vor allem eins: Lieber einmal zu viel als zu wenig auf unbekannte Pfade abbiegen.

Zurück auf den Radweg, immer geradeaus bis Lutterloh. Im Ort links auf Dorfstraße. Dorfplatz nach 300 Metern links.

Erholung pur: im eiskalten Wasser waten.

Gutes aus der Heide: von Honig bis Wildbratwurst.

KM 12,5

2 Lutterloh
Heidefest auf dem Dorfplatz

Hohe Eichen spenden Schatten, ein Dudelsackspieler intoniert schottische Lieder. An Ständen werden Waffeln und Heidekränze verkauft. Aber auch ohne Fest kann man hier gut picknicken. Auf der Wiese steht ein restaurierter Treppenspeicher, einst auch Schatzkammer genannt, wie man sie an vielen alten Heidehöfen noch sieht. Oben lagerte man Getreide, manchmal auch Speck, unten waren wichtige Geräte untergebracht. In dem Speicher ist eine Ausstellung zur Vogelwelt der Lüneburger Heide zu sehen (kostenlos). Am Hofladen auf der anderen Straßenseite gibt es Getränke und Eis, auch Wildschweinbratwürste. Die ausgedehnten Wälder der Südheide sind ja sehr wildreich. (www.meyer-ferienhof.de)

Auf der Hermannsburger Landstraße Richtung Unterlüß (ausgeschildert). Hinter Neu Lutterloh links, Beschilderung Richtung Müden und Oberohe (Oberoher Heide).

KM 20

3 Oberoher Heide
Lila Pause

Vielleicht hat man Glück, und eine der zwei Heidschnuckenherden der Gegend zieht vorbei. Sie bestehen aus je etwa 550 Muttertieren. Heidschnucken sind eine der ältesten Schafrassen Deutschlands. Früher wurden sie im Mai und Juni vor dem Scheren in den Heidebächen gewaschen. Das war für die Wäscher äußerst anstrengend, vor allem sehr kalt. Später führte man die Prozedur in Holzbottichen durch. Die Wolle verkaufte man im Herbst auf Wollmärkten wie in Celle. Die Lämmer haben im ersten Jahr ein schwarzes, leicht gelocktes Vlies und färben sich erst später grau. Von Mitte des 19. Jahrhunderts an nahm die Schafwirtschaft in der Lüneburger Heide stetig ab. Baumwolle war billiger, und aus Südamerika wurde die feinere Merinowolle eingeführt. Der Konkurrenz war man auf Dauer nicht gewachsen.

An der Oberoher Heide Beschilderung Richtung Oberohe (Kieselgur). Auf der Landstraße ein kurzes Stück rechts, auf der anderen Straßenseite gleich wieder links. Links am Freizeitpark Heidesee vorbei. Beschilderung Richtung Schmarbeck und Wacholderwald, immer geradeaus.

Schäfchenwolken – fehlt nur noch die Heidschnuckenherde.

KM 25,5

4 Schmarbecker Wacholderheide

Lebensbäume

Staunend fährt man durch einen der größten Wacholderwälder Norddeutschlands. Die baumartigen Sträucher ragen zum Teil meterhoch auf. Ein mystischer Busch, auch Machandel genannt, dem seit alters her Heilkräfte zugeschrieben werden. Mit würzigen Beeren und Holz mit ätherischen Ölen, mit dem schon immer geräuchert wurde. Rauchbaum ist daher ein weiterer Name. Mit seinen stacheligen Zweigen bietet er kleinen Tieren und Vögeln Schutz. Wacholder wachsen nur auf sandigen, nährstoffarmen Böden – wie der Heide, die sie umgibt. Warum sie hier nach dem Teufel heißt? Vielleicht, weil dort Teufelszwirn wächst. Oder nach einer der Sagen, von denen es in der Heide viele gibt. Den 94 Meter hohen Faßberg krönt ein Gipfelkreuz. Dort sitzt man dann, vielleicht umgeben von unsichtbaren Nebelhexen, wer weiß?

Am Ende der Heide links, am Parkplatz vorbei bergab nach Schmarbeck. Im Dorf die erste Möglichkeit rechts Richtung Faßberg (ausgeschildert), über den Bach. Am Ende des Wegs links, am Zaun der Faßberg Airbase entlang (auf dem Schwarzen Weg). Auf den Waldweg rechts.

Wacholdern werden Heilkräfte nachgesagt.

IN DEN »ROSINENBOMBER« KANN MAN HINEINKLETTERN

KM 31

5 Luftbrückenmuseum Faßberg

Atem der Geschichte

Der Fliegerhorst im Ort war während der Luftbrücke nach Berlin von Juni 1948 bis Mai 1949, nachdem die Sowjetunion den Westsektor der Stadt abgeriegelt hatte, ein wichtiges Drehkreuz. Fast ein Jahr lang starteten und landeten ununterbrochen amerikanische und britische Flugzeuge, um die Stadt mit allem Lebensnotwendigen zu versorgen: von Milchpulver über Treibstoff bis zu einem zerlegten Kraftwerk. Es war eine logistische Meisterleistung, die Luftbrücke so lange aufrechtzuerhalten, bis die Sowjets die Blockade aufhoben. Das Museum erläutert in einer beeindruckenden Ausstellung die historischen Hintergründe. Auf dem Gelände steht ein originaler »Rosinenbomber«. Von Faßberg wurde vor allem Kohle nach Berlin geflogen. Tausende Menschen packten an und verluden Tag und Nacht. (luftbrueckenmuseum.de)

Weiter auf dem Waldweg. Auf Große Horststraße links. Am Kreisverkehr geradeaus auf Müdener Weg. Beim Lidl rechts auf Zum Poitzer Bahnof bis Poitzen. Über die Radau. Auf Poitzen links, über die Örtze. Gleich hinter der Brücke auf dem Radweg links Richtung Müden (nicht auf der Landstraße bleiben). Am Ortseingang links auf den Radweg zum Heidesee. Am Ufer entlang, am Seeende rechts. Links auf die Schulstraße, wieder links auf der Schulstraße bleiben. Rechts kurz auf die Unterlüsser Straße, gleich wieder links auf die Alte Dorfstraße.

Bricht mit dem Heideidyll: das Luftbrückenmuseum in Faßberg.

KM 38

6 Ole Müllern Schün

Bezauberndes Bauerncafé

Das Café gehört zum Müllern Hof, der bereits 1022 das erste Mal urkundlich erwähnt wurde. Damit ist das einstige Mühlengut das älteste Anwesen in Müden. Der Bauerngarten wurde nach historischem Vorbild angelegt, am Rand des Buchsbaumrondells steht eine 150-jährige Ulme. Bevor man einkehrt, streift man mit dem Rad durch den Ort und stößt auf Zeugnisse des einstigen bäuerlichen Lebens. Aus der Zeit, als es noch Melkbänke gab, an denen die Höfe morgens ihre gefüllten Milchkannen abstellten. Jede mit eigener Nummer versehen, damit man sie nicht verwechselte. Oder als sich die neu angesiedelten Bauern gemeinsam einen Ziehbrunnen teilen mussten, der heute noch im Neubauerweg steht – die alteingesessenen Höfe hatte jeder einen eigenen Brunnen. (www.ole-muellern-schuen.de)

Zurück zum Heidesee, auf dem Radweg rechts, über die Örtze, links zum Parkplatz.

KM 39 » ZIEL

Parkplatz Heidesee & Wassermühle, Müden

Streifzug durch Müden im Spätnachmittagslicht.

Kreutzen
Örtze
Faßberg Luftbrückenmuseum
5
ABZWEIGUNG NICHT VERPASSEN!
Poitzen
Faßberg
Winterhoff
Wietze
Landwehrbach
Mittelstendorf
Heidesee
Gerdehaus
Müden (Örtze)
Parkplatz Heidesee & Wassermühle, Müden
START & ZIEL
Café Ole Müllern Schün
6
Wietzer Berg 102
Hausselhof
Willighausen
Bümmbach
Hausselberg 115
Örtzekanal
Brunau
Naturpark Südheide
Baven
Hermannsburg
Weesen
Weesener Bach
1
Weesener Bach
BEEINDRUCKENDE ALTE HÖFE
Misselhorn
0
1
2 KM
N

AUF EINEN BLICK:

- **Start/Ziel:** Müden (Örtze), Parkplatz Heidesee & Wassermühle, mit Auto und Fahrradgepäckträger (1 Std. 10 Min. ab/bis Hamburg)
- **Strecke/reine Radelzeit:** 39 km (Rundtour), 3 Std. 45 Min.
- **Höhenmeter:** ↗61 m ↘61 m
- **Wegbeschaffenheit:** Asphalt oder gut befahrbarer Schotter, einige sandige, aber gut befahrbare Abschnitte.
- **Beste Zeit:** Frühling bis Herbst.
- **Mitnehmen:** Sonnenbrille, genügend Getränke, kleines Handtuch, um die Füße nach dem Bachspaziergang abzutrocknen, Sonnencreme.

DIE RADELPAUSEN

» START
Bahnhof Unterlüß

KM 3
1 Lüßwald
Wald mit Geschichte

KM 3
2 Buchenwald
Waldwunder

KM 3,5
3 Eichenmischwald
Wo der Hirschkäfer lebt

KM 13,5
4 Museumsdorf Hösseringen
300 Jahre Heidegeschichte

12 GRÜNES WUNDER

Rundtour von Unterlüß über Hösseringen

Licht, dann wieder dicht. Mal lindgrün, dann dunkel. So radelt man durch den großen Lüßwald, der uralte Bäume und eine reiche Tierwelt birgt. Im Museumsdorf Hösseringen erlebt man die vergangene Welt der Heidebauern und wandert von einem Fachwerkhof zum nächsten. Einer leuchtet sogar in Blau.

KM 15,5
5 Café Alte Schule
Kuchen statt Mathe

KM 17,5
6 Hardausee
Lange Bahnen

KM 21
7 Aussichtsturm bei Hösseringen
360-Grad-Panorama

KM 32,5 » ZIEL
Bahnhof Unterlüß

WIE EIN KÜHLES GRÜNES KLEID AUS SEIDE

» In Wäldern ist die Temperatur im Sommer immer ein bis zwei Grad kühler als »draußen«. Wälder spenden frische Luft und Wohlbefinden. Nun also der **Lüßwald**, Teil eines der größten zusammenhängenden Waldgebiete Deutschlands – und eines der ältesten. Goldruten wachsen am Rand von kleinen Tümpeln, am Wegrand sprießen junge Bäume in unvergleichlichem Grün. Ein 29 Hektar großes Gebiet wurde bereits 1974 als Naturwaldreservat ausgewiesen. Ohne menschliche Eingriffe soll der Urwald von morgen entstehen. Der Wald darf nicht betreten werden, aber man kann mit dem Fahrrad auf einem Pfad einen Abstecher hineinmachen, für Wanderer ist ein Naturlehrpfad ausgewiesen.

WÄLDER REDUZIEREN STRESS, DAS IST WISSENSCHAFTLICH NACHGEWIESEN

Es warten viele Facetten. In einem **Buchenwald** stehen sie kerzengerade: die vielleicht elegantesten aller Bäume. Wie anders sieht es dagegen in einem **Eichenmischwald** aus. An einem Baumstamm haben sich kleine gelbe Pilze angesiedelt, eine ganze Kolonie von Männlein im Walde. Es kann sein, dass man vom Rad aus Rehe sieht oder einen Hasen, die meisten Tiere aber bleiben hinter dem Waldvorhang verborgen. Schwarzstörche, Raufußkauze und Rothirsche brauchen große unzerschnittene Waldgebiete.

Der Laubmischwald geht in Kiefernwald über, am Wegrand blüht Heide. Im **Museumsdorf Hösseringen** öffnen sich Türen in die Vergangenheit der Heidebauern. Im nahen Hösseringen empfängt einen das **Café Alte Schule** mit Nostalgie. Es ist windstill und ziemlich heiß, ein Badetag. Am **Hardausee** zieht sich ein kleiner Sandstrand am Ufer entlang, Bäume spenden Schatten. Der **Aussichtsturm bei Hösseringen** ist mit Sendemast 41 Meter hoch; ganz schön viele Stufen, um ihn zu erklimmen, aber der Blick reicht bis zum Horizont.

Rosa Waldränder, da kommt die Sonne hin.

Vögel flattern aus den Gehölzen, die Schutz und Speisekammer sind. Holunder- und Vogelbeeren, Schlehen und Hagebutten sind reif. Schwarz, samtig blau, orange- und knallrot stimmen sie auf die Farbpalette im Herbst ein. Vor Räber grasen Pferde friedlich auf einer Weide. Dann taucht man für den Rückweg wieder in den Wald ein. «

Bedingt fahrtüchtig, aber bunt.

» START

Bahnhof Unterlüß

Auf Am Bahnhof Richtung Müdener Straße, kurz davor links auf den Radweg. Auf der Weyhäuser Straße rechts, dieser folgen. Links auf dem Radweg an der Landstraße entlang. Am Wanderparkplatz links. Geradeaus in den Wald, zweite Abzweigung links.

KM 3

1 Lüßwald

Wald mit Geschichte

Viel Leben. Der Wald schärft die Sinne.

Dieser Laubmischwald wurde schon im 13. Jahrhundert als königlicher Bannwald erwähnt. Holzeinschlag war dem normalen Volk verboten, und jagen durften nur die Landesherren. Das hat ihn jahrhundertelang bewahrt. Auch im 18. Jahrhundert ist er noch auf einer Kurhannoverschen Karte eingezeichnet. Längst war andernorts die Abholzung in vollem Gange. Wo einst Wälder standen, wuchs nun Heide, in die Bauern ihre Schafe trieben und wo sie Plaggwirtschaft betrieben. Als die Böden ausgelaugt waren, begann man Mitte des 19. Jahrhunderts, die Wälder mit anspruchslosen Kiefern wieder aufzuforsten. Das Lüßwaldgebiet aber stand immer noch. 170 Hektar davon, das Lünsholz, sind heute Naturschutzgebiet. Eichen, Vogelbeeren, Brombeeren, Birken, alles wächst und rankt im Wettbewerb um möglichst viel Licht.

Weiter geradeaus. Buchenwald links.

KM 3

2 Buchenwald
Waldwunder

Hohltauben gurren, sonst ist es still. Buchen bilden eine dichte Krone, durch die nur wenig Sonne dringt. Während sie 300 Jahre alt werden können, schaffen es andere Bäume darunter kaum nach oben. Ein klarer evolutionärer Vorteil. Ein Totholzstamm ragt zwischen Jungbuchen empor, bewachsen von Zunderschwämmen, ein Baumpilz, der 30 Jahre alt werden kann und früher zum Feuermachen verwendet wurde. Der Schwarzspecht bearbeitet genau solche alten abgestorbenen Bäume für seine Höhlen. Abends in der Dämmerung jagt dort die Bechsteinfledermaus. Sie braucht Raum zwischen den Bäumen, wie er in Buchenwäldern vorhanden ist. Auf dem Waldboden liegt das Laub vergangener Jahre, an einigen Stellen wachsen Moospolster: Gemeines Weißmoos und Wacholder-Widertonmoos, das aussieht wie lauter grüne Sternchen.

Weiter geradeaus, Eichenmischwald rechts.

Baumpilze im Buchenwald.

Gut getarnt: An einer Eiche leben etwa 1000 Tierarten.

KM 3,5

3 Eichenmischwald
Wo der Hirschkäfer lebt

Der Wald wirkt dichter, die Stämme sind knorriger, die Blätter dunkler. So stellt man sich die Wälder in Grimms Märchen vor. Hier lebt ein seltener Bewohner, der gefährdet ist und auf der Roten Liste steht. Der Hirschkäfer bevorzugt Eichen, die mindestens 120 Jahre alt sind. Das Weibchen legt seine Eier gern in Eichentotholz, so um die 20 Stück. Die Entwicklung der Larven dauert drei bis fünf Jahre. Man stelle sich vor, im vierten Jahr würde der Totholzstamm aus dem Wald entsorgt! Ausgewachsen lebt der schwarze Käfer dann etwa einen Monat, die Männchen mit Mundwerkzeugen, die aussehen wie Geweihe. Hirschkäfer werden bis zu 7,5 Zentimeter groß und gehören damit zu den größten europäischen Käferarten. Seine Hauptflugzeit ist in der Abenddämmerung von Ende Mai bis Mitte Juli.

Zurück bis zur Abzweigung. Links, an der nächsten Abzweigung nach rechts (links Abzweigung zum Rastplatz Lüßberg möglich), nach 700 Metern wieder links, etwa 4,5 Kilometer geradeaus. Beschilderung Richtung Hösseringen und Museumsdorf, Route 5. Wo kein Schild mit Ortsnamen steht, dem grünen Radsymbol folgen. Achtung: Schilder können eingewachsen sein.

Himmelblau strichen im 19. Jahrhundert manche Bauern ihre Höfe.

ZEITREISE IN DIE VERGANGENHEIT DER HEIDJER

KM 13,5

4 Museumsdorf Hösseringen

300 Jahre Heidegeschichte

Auf dem zwölf Hektar großen Gelände stehen 26 historische Gebäude, die man aus der ganzen Lüneburger Heide dorthin geholt und originalgetreu wieder aufgebaut hat. Sie stammen aus der Zeit zwischen 1600 und 1900. Man sieht, wie Stellmacher und Schmiede gelebt und gearbeitet haben, bewundert Gebäude wie die große blaue Scheune. Eine Augenweide, aber es wird einem klar, wie hart die Menschen damals geschuftet haben. Auch auf dem beeindruckenden Brümmerhof von 1644, ein niederdeutsches Hallenhaus mit kunstvollem Fachwerkgefüge und wertvollen Bleiglasfenstern. Nach einem Spaziergang durch die angrenzende Heide setzt man sich am Hof auf eine Picknickbank. Im Museumsdorf lassen sich Stunden verbringen. Es bietet außerdem ein inspirierendes Veranstaltungsprogramm sowie Führungen durchs Dorf und zu unterschiedlichen Themen an. Im Eingangsbereich gibt es Kaffee, Eis und Getränke. (museumsdorf-hoesseringen.de)

Zurück zur Straße. Rechts der Beschilderung nach Hösseringen folgen. Im Ort auf der Bauernstraße geradeaus. Links auf Hinter den Höfen. Rechts auf Hinter den Höfen bleiben. Café etwas zurückversetzt auf der linken Seite.

Einblicke in alte Werkstätten im Museumsdorf Hösseringen.

Nostalgisches im Café Alte Schule in Hösseringen.

KM 15,5

5

Café Alte Schule

Kuchen statt Mathe

Mit geschärftem Blick für die Hofstrukturen der vergangenen Jahrhunderte erkundet man Hösseringen, ein malerisches altes Heidedorf. Schwarzbunte malmen ihr Heu hinter offenen Stalltoren, auf der Insel im Dorfteich steht ein Entenhaus, in dem das Federvieh vor Füchsen sicher ist. In einer Linde hat sich ein Schwarm Stare versammelt, es klingt, als ob der ganze Baum schwirrt. Tante-Emma-Laden, Bibliothek, idyllisch verwilderter Garten, das ist das Café, in dem 1975 die letzte Klasse in der Dorfschule unterrichtet wurde. Heute stöbert man im Hofladen und kann sich nicht entscheiden, ob man lieber feine Seife aus Schafsmilch oder Sanddornlikör kauft. Also isst man erst einmal ein Stück hausgebackenen Mandelbutterkuchen. (www.rasthuus-alteschule-hoesseringen.de)

Weiter auf Hinter den Höfen. Auf dem Räberweg kurz links, schräg gegenüber auf den Hellbergsweg, dann 1,5 Kilometer geradeaus.

KM 17,5

6

Hardausee

Lange Bahnen

Man schwimmt oder chillt, mietet sich ein Tretboot oder trinkt auf der Kioskterrasse Kaffee. Durch den See fließt die Hardau, die in der Hösseringer Heide entspringt. Weiter nördlich mündet sie in die Gerdau, die bei Bad Bodenteich mit der Stederau zur Ilmenau wird. Früher nutzte man die Hardau und andere Heideflüsschen, um sogenannte Rieselwiesen zu düngen. Im nahen Suderburg wurden ausgeklügelte Verfahren entwickelt, mit denen man Wasser über Wiesen und dann zurück ins Flussbett leitete. Mineralien und organische Bestandteile blieben auf den Wiesen zurück und sorgten für beträchtliche Ertragssteigerungen. So konnten die Bauern nicht nur Schafe, sondern auch Rinder halten. Der See kann in heißen Sommern wegen Blaualgen zum Schwimmen gesperrt sein. Bitte Anschläge an der Badestelle beachten.

Weiter auf dem Hellbergsweg. Am Seeende links auf dem Weg bleiben. Nach 500 Metern links abbiegen, weiter geradeaus. Auf die Alte Dorfstraße links. Rechts, dann links der Beschilderung Aussichtsturm folgen.

Erfrischung an einem heißen Sommertag.

Inspiration für Innenarchitekten: der Brümmerhof.

EXTRA INFOS:

Der ● **Brümmerhof** ist das Highlight des sowieso schon absolut sehenswerten Museumsdorfs Hösseringen (Stopp 4). Er stand einst außerhalb eines Dorfs in Alleinlage. Man konnte nicht herausfinden, woher die Besitzer kurz nach dem Dreißigjährigen Krieg das Geld hatten, um so prächtig zu bauen: nicht nur das Gebäude selbst, sondern auch die Innenausstattung mit Holzvertäfelung in der Dönz (so hießen in der Lüneburger Heide die Stuben, die als einzige im Haus mit einem Ofen beheizbar waren). Man möchte sofort einziehen. An der Giebelseite des Hofs trägt eine Spalierbirne gelbgrüne Früchte, im Bauerngarten wachsen Stangenbohnen.

KM 21

7 Aussichtsturm bei Hösseringen

360-Grad-Panorama

Wald, nichts als Wald im Süden, dort ist man früher am Tag geradelt. Im Norden ist spielzeugklein die Zuckerfabrik in Uelzen zu sehen, ebenso der Turm der Marienkirche. Dazwischen liegt das Suderburger Land: Wald und fruchtbare Felder, auf denen vor allem Gerste, Zuckerrüben und Kartoffeln angebaut werden. Einige sind bereits gepflügt, der Herbst naht. Früher reichte der Wald von Celle bis vor die Tore Lüneburgs. Dann kam die Zeit der Heide- und Schafwirtschaft. Nach der Einführung von Mineraldünger konnten die Bauern im größeren Stil Ackerbau betreiben, Schafe lohnten sich nicht mehr. Nicht genutzte Heideflächen wurden mit Kiefernwäldern wieder aufgeforstet. Heute bewahrt man die verbliebene Heide wie einen Schatz und sorgt für die Verjüngung der Wälder durch Laubbäume.

Zurück auf die Alte Dorfstraße, links nach Räber. Hinter dem Dorfteich links. Auf Räberspring parallel zum Bahndamm durch Kiefernwald zurück nach Unterlüß (ausgeschildert, Route »Wald, so weit das Auge reicht«, Symbol: zwei Bäume). Nach 8,5 Kilometern rechts über den Bahnübergang, dahinter links. Auf dem Räberweg geradeaus bis zur Müdener Straße. Links, wieder links auf Am Bahnhof.

KM 32,5 » ZIEL

Bahnhof Unterlüß

Hoch hinauf: Ausgleichssport auf der Radtour.

AUF EINEN BLICK:

- **Start/Ziel:** Bahnhof Unterlüß (rund 55 Min. ab/bis Bahnhof Lüneburg); für Anreise mit Pkw und Fahrradgepäckträger Wanderparkplatz Lüßwald (Müdener Straße)
- **Strecke/reine Radelzeit:** 32,5 km (Rundtour), 3 Std.
- **Höhenmeter:** ↗71 m ↘71 m
- **Wegbeschaffenheit:** Asphalt oder gut befahrbarer Schotter.
- **Beste Zeit:** Sommer, fantastisch im Herbst mit der Laubfärbung.
- **Mitnehmen:** Baumbestimmungsbuch, Badesachen, Buch fürs Café und Sonnencreme für den Badestrand.

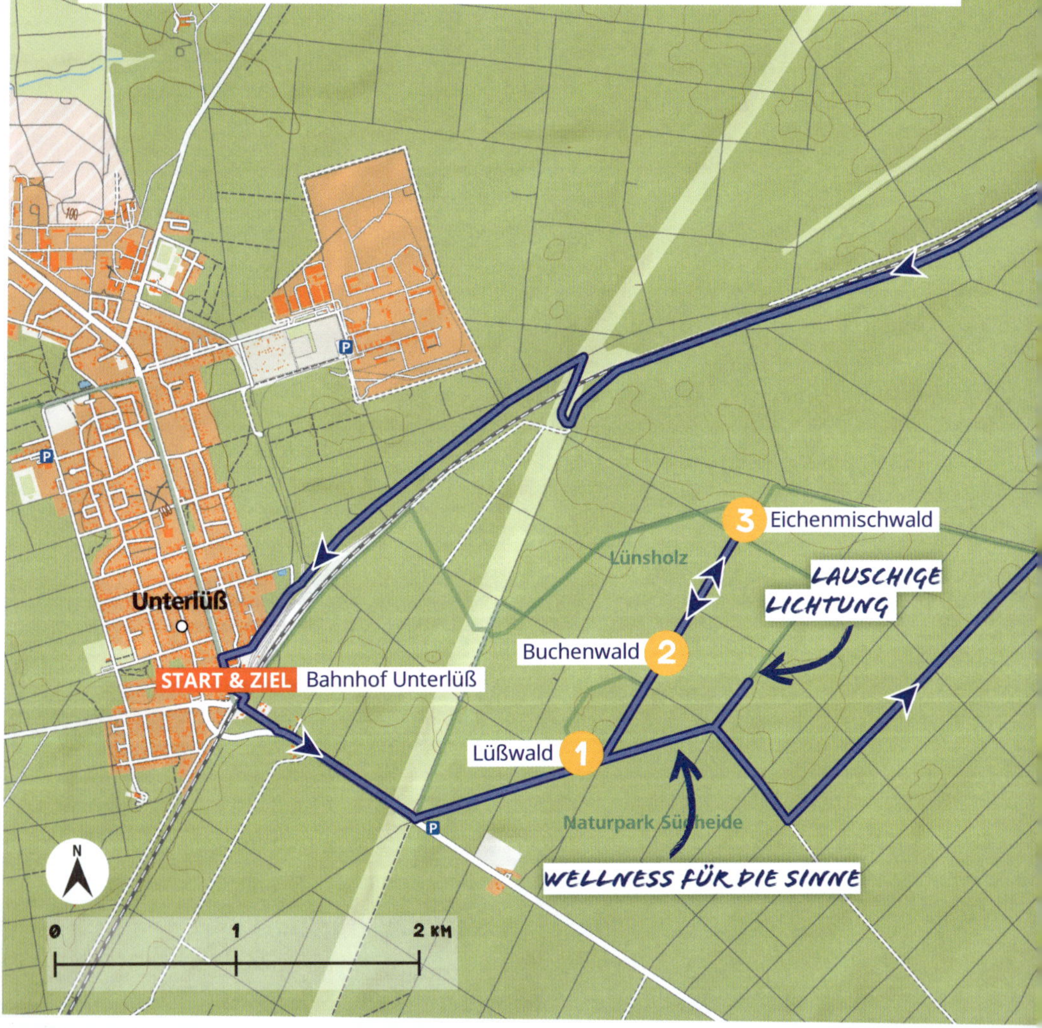

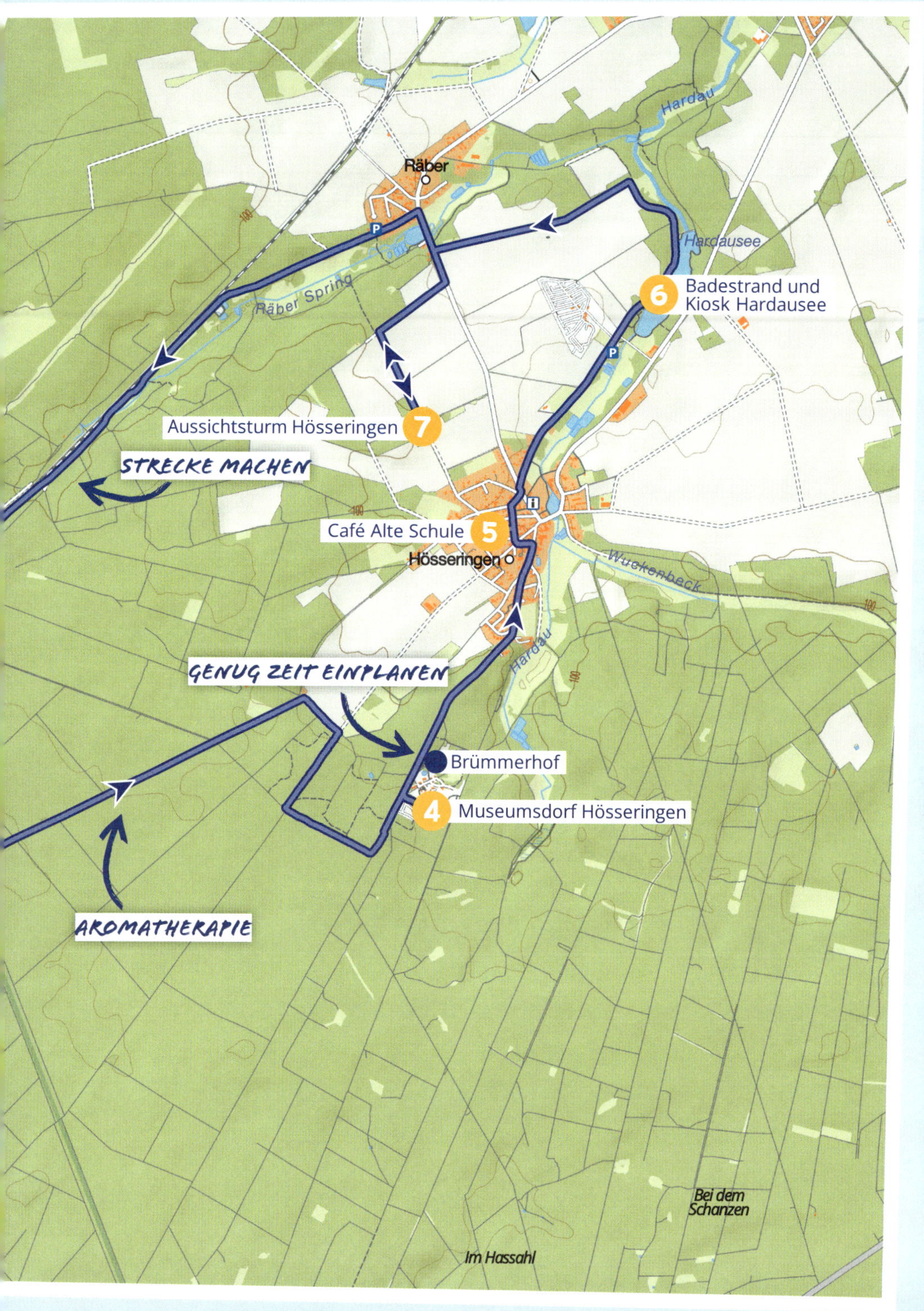

Räber
Hardau
Hardausee
Badestrand und Kiosk Hardausee
Räber Spring
Aussichtsturm Hösseringen
STRECKE MACHEN
Café Alte Schule
Hösseringen
Wuckenbeck
GENUG ZEIT EINPLANEN
Brümmerhof
Museumsdorf Hösseringen
AROMATHERAPIE
Bei dem Schanzen
Im Hassahl

DIE RADELPAUSEN

»START
Hermannsburg,
Parkplatz Auteriver Platz

KM 3,5
1 Wildwood Camping
Sommer am Fluss

KM 5,5
2 Rabehof
Bullerbü an der Örtze

KM 6,5
3 Waldlehrpfad
Bäume bestimmen

KM 10,5
4 Libellenteich
Diese Momente

13 HEIDE-FLUSS UND HEIDE-FLOW

Von Hermannsburg durch die Südheide

Die Örtze schlängelt sich durch Wiesen und Wälder, kleine Holzbrücken führen über den Fluss. An Stillgewässern schwirren Libellen, am Angelbecksteich zirpen die Grillen, und man legt auf Himmelsbänken die Füße hoch. Dazwischen geht es immer wieder durch Heide, wo man im Schatten von Bäumen rastet.

KM 21
5 Severloher Heide
Kleine Wesen

KM 24
6 Angelbecksteich
Sommerzirpen

KM 30
7 Misselhorner Heide
Lila, grün und blau

KM 35 » ZIEL
Hermannsburg,
Parkplatz Auteriver Platz

DIE SÜDHEIDE IST VERTRÄUMT …,

» … das macht einen großen Teil ihres Reizes aus. So ist man von Hermannsburg schnell draußen im Wald, in der Heide, an der Örtze. Weiden und Erlen neigen sich über den kleinen Fluss, Wald reicht bis dicht an die Böschung heran. Ein naturbelassener Fluss, es heißt, der ungezähmteste der Heide. Steilere und sanfte Ufer wechseln sich ab, ebenso sandige Stellen, und dort, wo Bäche einmünden, Abschnitte mit Kies. In Oldendorf kann man sich am **Wildwood Campingplatz** einen Kaffee holen und sich damit ans Ufer setzen. Ein Schlenker auf die andere Flussseite führt zum Hofladen und -café vom **Rabehof**. Auf einer Wiese grasen dunkel gefleckte Bentheimer Schweine.

Wildkirsche, Rosskastanie: Ein NABU-**Waldlehrpfad** weist auf die verschiedenen Baumarten hin. Viele Bäche ziehen sich durch kleine Waldtäler Richtung Örtze. Das Wasser stammt aus den nahen Mooren, es ist braun, aber glasklar. Ein Abstecher Richtung Lindhorst führt an eine Holzbrücke über den Heidefluss. Der Weißdorn an der Böschung trägt rote Beeren. An der Brücke geht es sanft ins Wasser, für alle, die sich noch einmal abkühlen wollen.

DER WÜRZIGE GERUCH DES WALDES IST REINE AROMATHERAPIE

Ein **Teich**, versteckt am Wegrand, lockt einen erneut vom Rad. Bei Eversen lässt man die Örtze hinter sich. In Altensalzkoth wurde im 18. Jahrhundert Salz gesiedet. In den umliegenden Mooren stach man den Torf für das Heizen der Siedeöfen. Mannshohe Farne säumen den Wald. In der **Severloher Heide** summen Bienen von einer Blüte zur nächsten. Der **Angelbecksteich** liegt eingebettet zwischen Wald und Heide, er ist besonders zur Blütezeit ein beliebter Ort.

Birken säumen den Weg durch die Tiefentaler Heide. Ihre weiße Rinde macht sie unempfindlich gegen Hitze, da sie die Sonnenstrahlen reflektieren. Die Heidjer pflanzten früher Birkenalleen zur Orientierung in der oft baumlosen Ebene. In der **Misselhorner Heide** ist ein lila Teppich ausgerollt, von Kiefernwäldern eingerahmt. Man fährt ganz langsam, um alles auf sich wirken zu lassen. Wurzeln ziehen sich über den Weg. In dieser Wunderkammer der Natur darf der gern uneben sein. «

RADELN & GENIEßEN

»START
Hermannsburg, Parkplatz Auteriver Platz

Auf Harmsstraße vor zur Landstraße. Gegenüber in die Georg-Haccius-Straße. Am Ende der Straße links, gleich wieder rechts. Geradeaus via Schlüpke nach Oldendorf.

Heidearchitektur: am Dachfirst zwei gekreuzte Pferdeköpfe.

KM 3,5
1 **Wildwood Camping**
Sommer am Fluss

Auch bei Paddlern sehr beliebt: die Örtze.

Naturnah campen, umgeben von Wald, kann man an diesem sympathischen Campingplatz mit eigenem Kanusteg an der Örtze. Biotope sind angelegt und ein Zugang zu einem Kiesteich. In einem hellen Laden mit Holzterrasse gibt es alles, was das Camper:innenherz begehrt (auch für vorbeifahrende Radfahrer:innen). (www.wildwoodcamping.de) Die Örtze fließt auf der anderen Wegseite. Die Zweige der Bäume bilden ein Geflecht, fast wie ein Tunnel, durch das die Sonne Lichtflecken aufs Wasser wirft. An heißen Tagen zieht man die Schuhe aus und watet hinein. Ganz Mutige tauchen vielleicht sogar ein und wissen danach, warum man diese Art von Heidefluss »sommerkalt« nennt. An der nächsten kleinen Brücke plätschert ein Bach über Steine, bevor er in die Örtze mündet, eine Schar Enten schwimmt nah am Schilf.

Geradeaus bis zur Landstraße. Rechts auf der Eschedeer Straße über die Örtze. Rechts auf Örtzeheide.

KM 5,5

2 Rabehof

Bullerbü an der Örtze

Ein Hof wie in schwedischen Kinderbüchern, seit 300 Jahren in Familienbesitz. Sie bauen Gemüse an, halten Hühner und imkern ihren eigenen Honig. Im Sommer betreiben sie ein Café unter alten Eichen, in dem es selbst gebackenen Kuchen und deftige Stullen gibt. Im Hofladen bieten sie ganzjährig an, was auf ihrem Hof und in der Region angebaut wird. Wer einen Rucksack dabeihat oder einen Fahrradkorb, kann einkaufen: frische Eier, Wurst aus eigener Schlachtung, und erst das Eingemachte – Bohnen, Rote Bete und Kürbis süß-sauer im Glas. Auch gibt es alles, was gerade frisch in den Beeten und an den Sträuchern wächst, außerdem am Backtag selbst gebackenes Brot. Das Café macht erst um 14 Uhr auf, sonst würde man auf der Stelle hierbleiben. So versorgt man sich fürs Picknick unterwegs. (www.rabehof.de)

Zurück auf die Landstraße über die Örtze. Erste Straße, Beutzener Weg, rechts. Nach 500 Metern Lichtung an der Örtze rechts.

Delikatessen aus der Heide, Rast unter Eichen – das ist der Rabehof.

KM 6,5

3 Waldlehrpfad

Bäume bestimmen

Der Pfad beginnt an einer Lichtung an der Örtze. Er führt an einer Vogelkirsche vorbei, einer Rosskastanie und einem Schwarzen Holunder. Die Sommerlinde kann, wenn das Klima passt und man sie lässt, über 1000 Jahre alt werden. Wenn sie blüht, ist sie eine hervorragende Bienenweide. Die Winterlinde soll sehr frosthart sein und hat vielleicht daher ihren Namen. Die Rotbuche, die 30 Meter hoch wird, und der Spitzahorn, der ebenfalls eine mächtige Krone entwickelt, stehen nur ein paar Schritte auseinander, das kann eng werden. Ein kleiner Spaziergang und so viele unterschiedliche Bäume, dabei sind noch gar nicht alle aufgezählt. Danach setzt man sich auf eine der beiden Uferbänke und blickt den Paddlern auf dem Fluss hinterher.

Geradeaus weiter via Beutzen. Bei der Abzweigung Richtung Lindhorst (Schild) rechts bis zur Brücke. Zurück auf den Weg Richtung Eversen. Teich nach 1,5 Kilometern rechts.

Baumkunde: Zeig mir deine Blätter ...

KM 10,5

4 Libellenteich

Diese Momente

Im Teich wächst Schilf, am Ufer blüht Blutweiderich, Hummeln summen. Wer in die Hocke geht und sich dabei möglichst nicht rührt, wird Zeuge eines besonderen Spektakels. Kleine rote Blitze schwirren zwischen den Uferpflanzen umher. Es sind Blutrote Heidelibellen, die an kleinen Stillgewässern leben. Zwischen Mitte Juli und November ist Paarungszeit. Auch wenn man es mit bloßem Auge nicht sieht: Paarung und Eiablage erfolgen im Flug, die Larven schlüpfen im Jahr darauf. Sie jagen Insektenlarven, Kaulquappen und sogar kleine Fische. Es dauert noch ein weiteres Jahr, bis sich aus ihnen eine fertige Libelle entwickelt und der Zyklus von vorn beginnt. Manchmal sind es solche kleinen, völlig unplanbaren Momente, die einem besonders im Gedächtnis bleiben. Auch ein Picknick ist hier möglich.

Geradeaus bis zur Landstraße (Dorfstraße), links auf dem Radweg an der Landstraße bis Altensalzkoth. Beim Hotel Helms links. Dem Weg etwa 2,5 Kilometer folgen, an der Abzweigung links, nach etwa einem Kilometer rechts. Nach etwa 1,5 Kilometern wieder links. Beschilderung nach Severloh.

Innehalten im Reich der Blutroten Heidelibelle.

Das Summen in der Heide.

KM 24

6 Angelbecksteich
Sommerzirpen

Man fährt gemütlich auf den hellen Wegen um den kleinen See und macht dabei einen Schlenker durch die Heide. Dabei lauscht man den Sommerkonzerten der Grillen. Zum Beispiel Roesels Beißschrecke, die zwischen Juni und Oktober zirpt, um ihr Revier zu markieren. Oder der Großen Goldschrecke, die mit ihren kurzen Flügeln nicht fliegen kann. Eine Gefahr für sie ist übrigens die Vierfleck-Kreuzspinne, die an Waldrändern und auf Trockenrasen ihre Netze spinnt und damit Grashüpfer und andere Heuschrecken fängt. Man findet ein schattiges Plätzchen auf einer Himmelsbank. Es tut gut, die Füße hochzulegen, dabei aufs Wasser zu schauen. Der Sommerwind säuselt leise.

Vor zur Landstraße. Auf der anderen Straßenseite geradeaus in den Wald. An der zweiten Abzweigung rechts der Beschilderung nach Tiefental folgen. Geradeaus weiter durch die Tiefentaler Heide. Etwa 1,5 Kilometer durch Wald, an der Kreuzung links am Waldrand entlang (Beschilderung Misselhorner Heide, Heidepanoramaweg).

KM 21

5 Severloher Heide
Kleine Wesen

Gar nicht so einfach, ein gutes Foto von den Bienen zu erhaschen, sie fliegen einfach zu schnell. Aber es macht Spaß, es wenigstens zu versuchen, und es schärft die Wahrnehmung. Die Sonne sticht und heizt die Böden unter der Krautschicht auf, ideal für Käfer und Spinnen, die das warme Mikroklima lieben und zwischendrin vegetationsfreie sandige Böden brauchen. Der Stierkäfer, der kleine Hörner trägt und sich vom Kot pflanzenfressender Tiere wie Heidschnucken ernährt. Oder der grüne Feldsandläufer, der blitzschnell ist und Spinnen und kleine Insekten jagt. Am Rand der Heide stehen eine Bank und eine Schutzhütte mit schönem Blick. Zeit, um etwas zu trinken, wichtig an heißen Tagen.

Geradeaus weiter bis zum Angelbecksteich.

Mit Glück ist eine der Himmelsbänke am Ufer frei.

KM 30

7 Misselhorner Heide
Lila, grün und blau

Ein strahlender Himmel überspannt das Panorama. Eine schattige Bank lockt unter einer Kiefer. Einst war die Heide dicht bewaldet, doch die Bevölkerung wuchs, es wurde immer mehr gebaut und gerodet. Man benötigte Brennholz, vor allem auch für die Salinen. Im 18. Jahrhundert stieg die Nachfrage nach Wolle, es wurden größere Schafherden gehalten. Es hieß: Wald weicht Wolle. Mitte des 19. Jahrhunderts hatten die Heideflächen ihre größte Ausdehnung erreicht: von der Elbe bis an die Aller. Heute erhält man sie aus Naturschutzgründen – und weil die alten Kulturlandschaften einfach wunderschön sind. Damit sie nicht »verkusseln«, das heißt zuwachsen, muss man sie regelmäßig »entkusseln« und mit Heidschnucken beweiden. So bieten sie Lebensraum für etwa 2500 Tierarten, darunter Zaun- und Waldeidechsen.

Weiter durch die Heide zum Wanderparkplatz Misselhorner Heide. Kann sandig sein, eventuell ein Stück schieben. Am Parkplatz links, auf dem Radweg an der Landstraße nach Hermannsburg.

EXTRA INFOS:

Man weiß nie, wo die Heidschnucken mit ihrem Schäfer gerade entlangziehen. Wer sie verpasst hat und sie gerne einmal erleben möchte, kann dies beim Schnuckeneintrieb Misselhorner Heide. Von April bis Oktober, montags bis donnerstags gegen 17 Uhr. Treffpunkt: ● **Schafstall am Parkplatz Misselhorner Heide**. Kostenlos, keine Anmeldung nötig.

Wer sich etwas Heide mit nach Hause nehmen möchte, kann in Hermannsburg im Blumenladen ● **Blatt und Blüte** (blumen-hermannsburg.de) in der Saison Heidepflanzen kaufen. Danach gibt's frische Pfifferlinge auf der Terrasse von ● **Ohlendorfs Gasthaus**. (www.ohlendorfs-gasthaus.de)

KM 35 » ZIEL

Hermannsburg, Parkplatz Auteriver Platz

Misselhorner Heide: Schattenplatz mitten im Lila.

Neubarmbostel
Weesen
Blumenladen Blatt & Blüte
Ohlendorfs Gasthaus
START & ZIEL
Parkplatz Auteriver Platz
Weesener Bach
Grauen
Hermannsburg
Brandenbach
Misselhorn
Schafstall Misselhorner Heide
Örtze
Misselhorner Heide
7
Beckedorf
Schlüpke
Hof Hiester
DURCH DIE ZAUBERHAFTE TIEFENTAL HEIDE
Heiden und Magerrasen in der Südheide
1
Wildwood Camping
2
Hofcafé und -laden Rabehof
Tiefental
Faule Rieth
Oldendorf
3
NABU-Waldlehrpfad
Huxahl
HIER GEHT'S BERGAUF
6
Angelbecksteich
Hof Beutzen
Angelbach
Diesten
Dehningshof

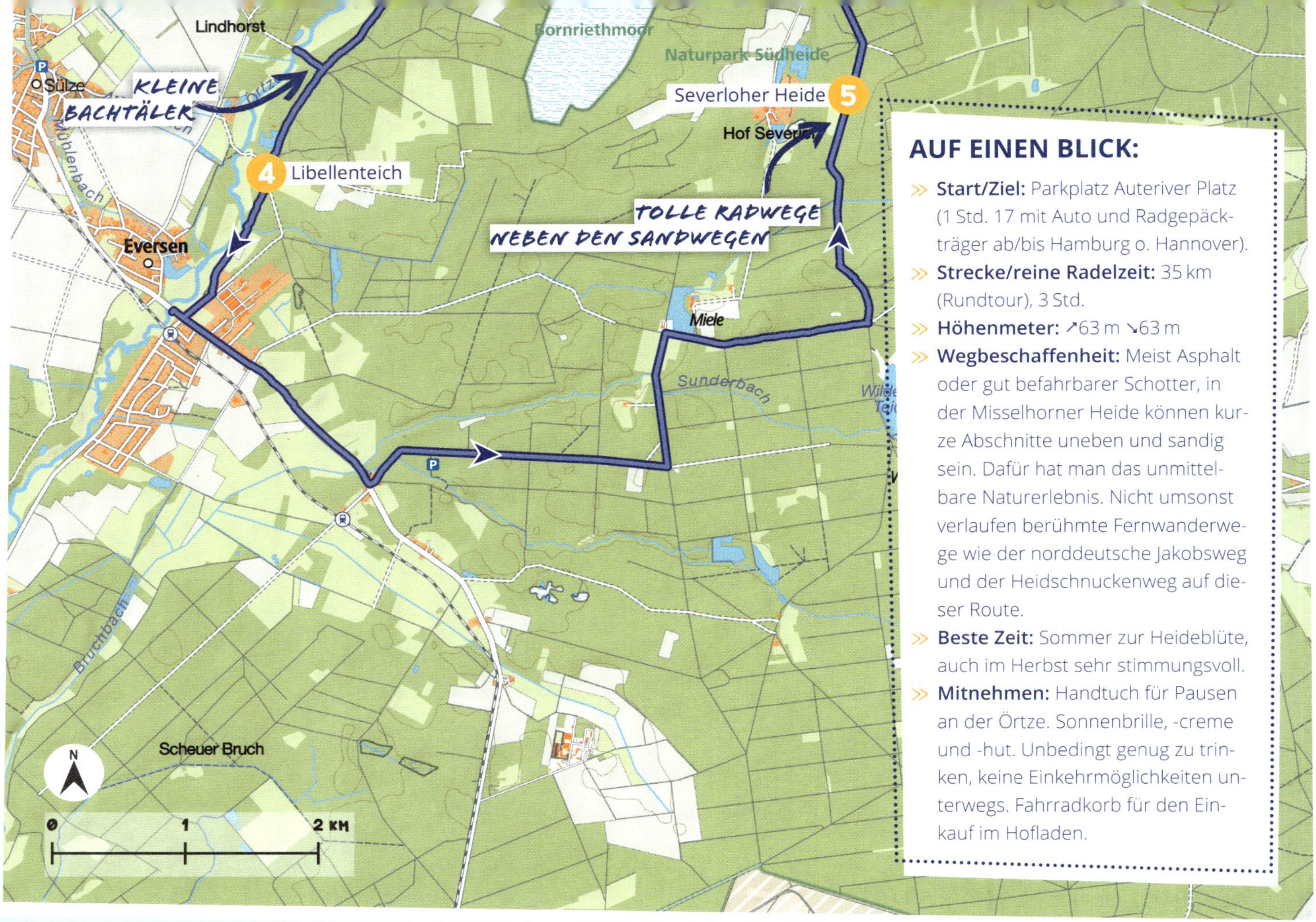

AUF EINEN BLICK:

- **Start/Ziel:** Parkplatz Auteriver Platz (1 Std. 17 mit Auto und Radgepäckträger ab/bis Hamburg o. Hannover).
- **Strecke/reine Radelzeit:** 35 km (Rundtour), 3 Std.
- **Höhenmeter:** ↗63 m ↘63 m
- **Wegbeschaffenheit:** Meist Asphalt oder gut befahrbarer Schotter, in der Misselhorner Heide können kurze Abschnitte uneben und sandig sein. Dafür hat man das unmittelbare Naturerlebnis. Nicht umsonst verlaufen berühmte Fernwanderwege wie der norddeutsche Jakobsweg und der Heidschnuckenweg auf dieser Route.
- **Beste Zeit:** Sommer zur Heideblüte, auch im Herbst sehr stimmungsvoll.
- **Mitnehmen:** Handtuch für Pausen an der Örtze. Sonnenbrille, -creme und -hut. Unbedingt genug zu trinken, keine Einkehrmöglichkeiten unterwegs. Fahrradkorb für den Einkauf im Hofladen.

DIE RADELPAUSEN

» START
Bahnhof Soltau

KM 0,5
1 Soltau, Café Kleines Hochdruckgebiet
Das Wetter hält

KM 1,5
2 Breidings Garten
Englische Romantik

KM 11
3 Ellingen
500 Jahre Eggershof

KM 11
4 Ellinger Grenzstein
Alter Schwede

14 RADELN AUF DEM LANDE

Rund um Soltau durch die Heidmark

In Soltau lockt ein romantischer Park, bevor man ins weite, niedersächsische Land radelt. Ein kleiner Moorsee, die ersten Heideblüten, ein Grenzstein, der von längst vergangenen Zeiten erzählt – die einfachsten Dinge können plötzlich malerisch sein wie ein Kartoffelfeld, dessen Blüten in der Sonne schimmern.

KM 15,5
5 Ahlftener Flatt
Lilien im Moor

KM 16,5
6 Jürshof
Heidehonig, Hochzeitssuppe

KM 21
7 Wacholderpark
Erste Boten

KM 35 » ZIEL
Bahnhof Soltau

BEI SONNE IN DEN WALD, BEI REGEN WIEDER HINAUS, …

» … aber noch strahlt in Soltau der Morgen, als man das **Café Kleines Hochdruckgebiet** erspäht. In **Breidings Garten** zieht sich der Himmel alle zehn Minuten auf und zu. Auf ruhigen Wegen lässt man Park und Soltau hinter sich und ist auf dem Land, richtig auf dem Land. Ein Hof bietet Kutschfahrten und Kartoffeln an. Wolkengebilde türmen sich am Himmel. Einige Felder sind bereits gepflügt, es riecht nach Erde. Die Eichen am Waldrand tragen schon kleine Eicheln.

Dörfer wie **Ellingen** haben oft nur eine Straße, und die heißt dann wie das Dorf. In der Nähe steht der Ellinger **Schwedenstein**. Wiesen und Weizenfelder bilden ein grün-beiges Mosaik, auf dem Baumgruppen stehen. Ein verwittertes Schild weist Richtung **Ahlftener Flatt**, ein versteckter Moorsee. An der Einfahrt vom **Jürshof**, Landwirtschaft und Hofladen, steht ein alter Pflug. Im **Wacholderpark**, einem kleinen Heidegebiet, fällt sanfter Sommerregen.

HEIDSCHNUCKEN GRASEN AUF EINER HOFWIESE, DIE BÄUERIN HOLT IHRE ESEL IN DEN STALL

Man quert die Große Aue und radelt durch ein grünes Band. Die ganze Gegend ist von Bächen durchzogen. Prachtexemplare von schwarzen Rindern mampfen auf einer großen Wiese, am Wegrand blüht Kamille. In Oeningen steht ein Traktor mit drei Anhängern vor einem Hof, alles bereit für die Ernte. Erst an der Landstraße merkt man, wie still es den ganzen Tag über war. Doch hinter Harber verschwindet man schon wieder im Ländlichen, schließlich im Wald. Der Regen hat aufgehört.

Wenn es am Wegrand plötzlich duftet.

Bei Tetendorf quert man die Böhme, die im Pietzmoor bei Schneverdingen entspringt. Auf einer Auwiese, durch die sie für Radfahrer:innen unerreichbar fließt, verfolgen sich spielerisch zwei Rehe. Man begleitet die Böhme an Breidings Garten vorbei. An einer Stelle kann man sich auf einer Mauer ans Ufer setzen und ihrem Geplätscher lauschen. Sie erzählt von Schwarzstorch und Rohrsänger, Fischotter und Bachneunauge, Kreuz- und Erdkröte, die sie auf ihrem Weg durch die Südheide trifft. «

Pferdeland: Überall wird gezüchtet, geritten oder Kutsche gefahren.

» START

Bahnhof Soltau

Am Bahnhof der Beschilderung Richtung Zentrum folgen. An der Walsroder Straße links. Rechts auf den Georges-Lemoine-Platz, später auf der Marktstraße geradeaus. Auf Hagen links, Café auf der linken Seite.

KM 0,5

1 Soltau, Café Kleines Hochdruckgebiet

Das Wetter hält

Nomen est omen, noch hält das Wetter. Am Café kann man draußen sitzen und bevor man aufbricht, noch einen Latte Macchiato mit Karamelltopping trinken. Soltau hat eine bewegte Geschichte, war Tuchmacherstadt und wurde im Dreißigjährigen Krieg von den Schweden zerstört, gehörte zum Französischen Kaiserreich und später zu Preußen. Das Städtchen, dessen Name sich von Solt für Salz und Au für Fluss herleitet, wird von Soltau und Böhme durchflossen. Im Gegensatz zu den anderen Heideflüssen fließt diese nicht in die Elbe, sondern in die Aller. Da sich das Hochdruckgebiet im Lauf des Tages gegen den Regen durchsetzt, kehrt man abends noch einmal auf die Terrasse zurück und genießt eins der knusprig gegrillten Brote: zum Beispiel mit Curryhumus und veganem Gouda. (www.kleineshochdruckgebiet.de)

Am besten zweimal einkehren: im Kleinen Hochdruckgebiet.

Zurück auf die Marktstraße, rechts, dann links auf Burg immer geradeaus. Auf Böhmheide rechts. Links auf Charlottenstraße, immer geradeaus, durch die Unterführung, bis Beethovenstraße. Links, dann wieder links auf Breidings Garten. Im Park gibt's Fahrradständer, um sein Rad anzuschließen.

Der richtige Ort, um die Zeit zu vergessen.

KM 1,5

2 Breidings Garten
Englische Romantik

Der Soltauer Industrielle August Röders ließ um 1850 den zehn Hektar großen Landschaftspark nach dem Vorbild englischer Gärten anlegen und mittendrin eine Villa bauen. Auf einer Insel in der romantischen Teichlandschaft steht eine künstliche Ruine. Man lässt sein Rad stehen und wandelt an einheimischen Rotbuchen und Trauerulmen vorbei, aber auch an Bäumen aus Nordamerika wie Amberbaum und Sitkafichte und Exoten wie dem Urweltmammutbaum aus China. Im Frühjahr blühen Rhododendren und Maiglöckchen. Viele Ecken sind naturbelassen. Da geht Schilf in wilde Wiesen über, verschwindet ein Bach im Dickicht. Artenschutz wird großgeschrieben. Das Anwesen wird ehrenamtlich von Soltauern betreut, der Apfelsaft von der Streuobstwiese samstags auf dem Wochenmarkt verkauft. (www.breidings-garten.de)

Zurück zur Charlottenstraße. Links in den Radweg. Beschilderung mit Symbol Rosette Nr. 1 bis Wiedingen. Im Dorf rechts, auf Wiedingen bis B 71. Kurzes Stück rechts auf den Radweg an der Bundesstraße, links nach Ellingen.

KM 11

3 Ellingen
500 Jahre Eggershof

Die Höfe im Dorf liegen weit verstreut. Kopfsteingepflasterte Hofeinfahrten führen zu den Häusern, die oft im Schatten alter Eichen stehen. So konnte man früher die Schweine darunter weiden und die Eicheln fressen lassen und hatte, wenn die Bäume hoch genug waren, einen Blitzableiter. Die Scheunen sind typischerweise aus Holz. Es riecht nach Schafen – und da sind sie schon. Etwas zurückversetzt von der Dorfstraße liegt der Eggershof, seit 500 Jahren in Familienbesitz. Pension, Ferienwohnung, Stellplätze für Camper – und ein traumhaftes Hofcafé. Freundliche Holzmöbel auf der Terrasse und ein Hortensienmeer wirken sehr einladend, aber man sollte nicht zu früh ankommen: Es öffnet erst um 14 Uhr. Dann aber mit Kuchen wie zu Großmutters Zeiten. (www.eggershof.de)

In der kleinen Straße gegenüber vom Eggershof steht der Schwedenstein nach ein paar Metern auf der linken Seite (ausgeschildert).

Vorher schön trödeln: Der Eggershof öffnet um 14 Uhr.

400 Jahre alt: Der Schwedenstein mit dem Verdener Bischofskreuz.

AUFGESTELLT, ALS DIE SCHWEDEN HERRSCHTEN

KM 11

4 Ellinger Grenzstein

Alter Schwede

Man muss etwas aufpassen, dann entdeckt man ihn kurz hinter der Abzweigung etwas zurückversetzt am Wegrand: den Stein, der nach dem Dreißigjährigen Krieg die Grenze zwischen Schweden und Deutschland markierte, die auch mitten über den Eggershof lief. Denn von 1647 bis 1712 stand das benachbarte Bistum Verden unter schwedischer Herrschaft. Daran grenzte auf deutscher Seite das Herzogtum Braunschweig-Lüneburg. Auf dem fast 400 Jahre alten Stein ist auf der einen Seite das bischöfliche Verdener Kreuz noch gut zu erkennen. Der welfische Löwe auf der Lüneburger Seite ist hingegen bis zur Unkenntlichkeit verwittert. Ein besonderer Stein, an dem man innehält. An dem wieder klar wird, was die Landschaften, durch die man oft vor sich hin träumend fährt, alles schon erlebt haben.

Etwa einen Kilometer geradeaus. Beim verwitterten Schild Ahlftener Flatt rechts auf den Waldweg. (Verlassen des offiziellen Radwegs). Etwa zwei Kilometer bis Ahlftener Kirchweg. Rechts, bei nächster Gelegenheit wieder rechts, dann geradeaus. Nach circa 500 Metern ist ein kleiner Waldweg links zum Flatt ausgeschildert.

Enten zählen: ein Ort zum Durchatmen.

KM 15,5

5 Ahlftener Flatt

Lilien im Moor

Man folgt optimistisch dem schmalen Weg und muss nur am Anfang einmal kurz schieben. Wald und offene Flächen wechseln sich ab. Über den Wiesen schwirren kleine Vögel, an den abgeernteten Feldern stehen Krähen. Weiße Kühe passen zu den Wolken am Himmel und überall zirpt es, so fleißig reiben die Heupferdchen ihre Hinterbeine aneinander. Am Ahlftener Flatt öffnet sich der Wald zu einer Lichtung. »Flatt« ist die niederdeutsche Bezeichnung für diese Art eiszeitlicher flacher See. Am Ufer wachsen Pflanzen, die an den geringen Nährstoffgehalt im Heideweiher angepasst sind: Schnabelsegge und Torfmoose, Moorlilien und Glockenheide. Im Frühling blüht Wollgras. Auf einer Bank packt man seinen Proviant aus und schaut den Enten beim Gründeln im Moorwasser zu.

Am Weiher vorbei zurück zur Kreuzung am Ahlftener Kirchweg. Dort rechts in Vor den Höfen einbiegen. Der Hof liegt auf der linken Seite.

KM 16,5

6 Jürshof

Heidehonig, Hochzeitssuppe

An der Scheunenwand sind die Holzvorräte für den Winter aufgeschichtet. Der Bauer steigt von seinem Traktor, es ist Mittagspause. Auf dem Hof lebt die Familie mit vier Generationen. Als Logo haben sie die Hühner der Witwe Bolte aus Max und Moritz ausgewählt, die zieren auch ihre Eierschachteln. Im Hofladen gibt's außerdem Landwurst, Schmalz und Marmelade, eingelegte Essiggurken, Heidehonig und Hochzeitssuppe, eine niedersächsische Spezialität. Die kann man sich in der Dose fürs Abendessen mitnehmen, vorausgesetzt, man hat einen Fahrradkorb oder einen Rucksack dabei. (www.eier-vom-juershof.de)

Auf den Höfen links, wieder der Rosetten-Route Nr. 1 folgen. In Ahlften auf der Harburger Straße links über die Böhme, rechts auf Drögenheide, Beschilderung Richtung Friedrichseck. Dort rechts auf der Hauptstraße bis Winsener Straße. Rechts auf den Radweg an der Landstraße, nach 400 Metern links zum Wacholderpark. Radweg rechts in die Heide.

Heidespezialitäten gibt's im Hofladen vom Jürshof.

Noch ganz zart im Nieselregen: die ersten Heideboten im Jahr.

KM 21

7 Wacholderpark

Erste Boten

KM 35 » ZIEL

Bahnhof Soltau

Das Nieselwetter schluckt alle Farben, aber wenn man genau hinsieht und langsam genug fährt, erkennt man die ersten zarten Rosatöne des Jahres. Vereinzelte Heidesträucher fangen vorsichtig an zu blühen. In den nächsten zwei Wochen geht es dann überall in der Lüneburger Heide richtig los. Heute erhält man einen kleinen Vorgeschmack auf das, was sie abgesehen von den Heidesträuchern ausmacht: Wacholder mit grünen (unreifen) und schwarzen (reifen Beeren), nur die männlichen Exemplare tragen sie. Preiselbeeren, die rot glänzen, Blaubeeren, Birken und am Waldrand Eichen. Es wächst auch Keulenbärlapp und Rotes Straußgras. Die kleinen Bewohner haben sich gerade alle vor dem Regen in Sicherheit gebracht: Gefleckte Keulenschrecke, Feuerfalter, Heidespanner und der Feldsandläufer.

Am anderen Ende der Heide Rosette 1 bis Oenigen folgen. Dort rechts Beschilderung bis Harber. B 71 queren, links in den Abelbecker Weg. Hinter dem Bahnübergang rechts, Rosette 1 führt via Tetendorf (hinter dem Dorf in den Feldweg rechts) nach Soltau.

Nur die männlichen Wacholdersträuche tragen Beeren.

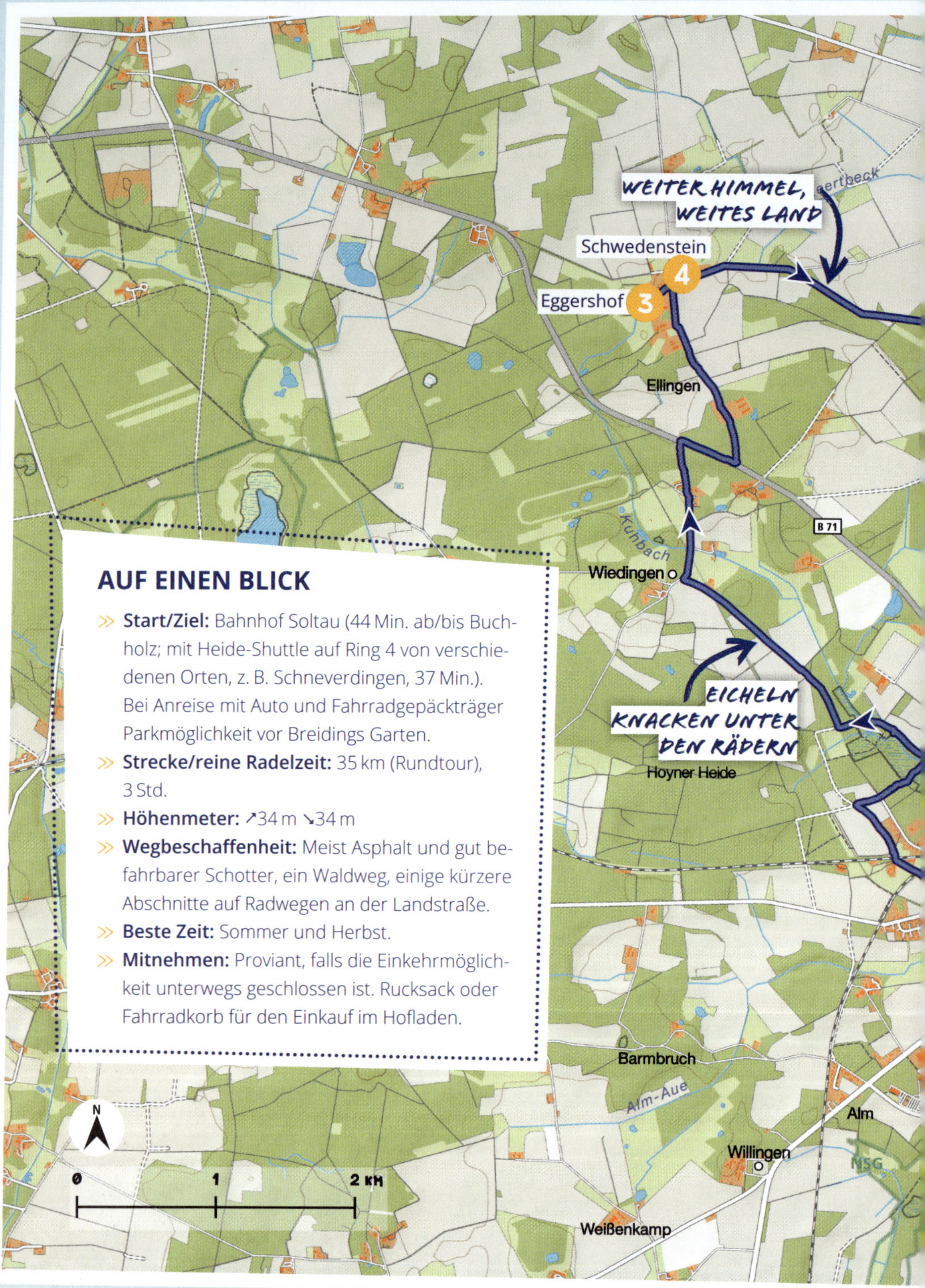

AUF EINEN BLICK

- » **Start/Ziel:** Bahnhof Soltau (44 Min. ab/bis Buchholz; mit Heide-Shuttle auf Ring 4 von verschiedenen Orten, z. B. Schneverdingen, 37 Min.). Bei Anreise mit Auto und Fahrradgepäckträger Parkmöglichkeit vor Breidings Garten.
- » **Strecke/reine Radelzeit:** 35 km (Rundtour), 3 Std.
- » **Höhenmeter:** ↗34 m ↘34 m
- » **Wegbeschaffenheit:** Meist Asphalt und gut befahrbarer Schotter, ein Waldweg, einige kürzere Abschnitte auf Radwegen an der Landstraße.
- » **Beste Zeit:** Sommer und Herbst.
- » **Mitnehmen:** Proviant, falls die Einkehrmöglichkeit unterwegs geschlossen ist. Rucksack oder Fahrradkorb für den Einkauf im Hofladen.

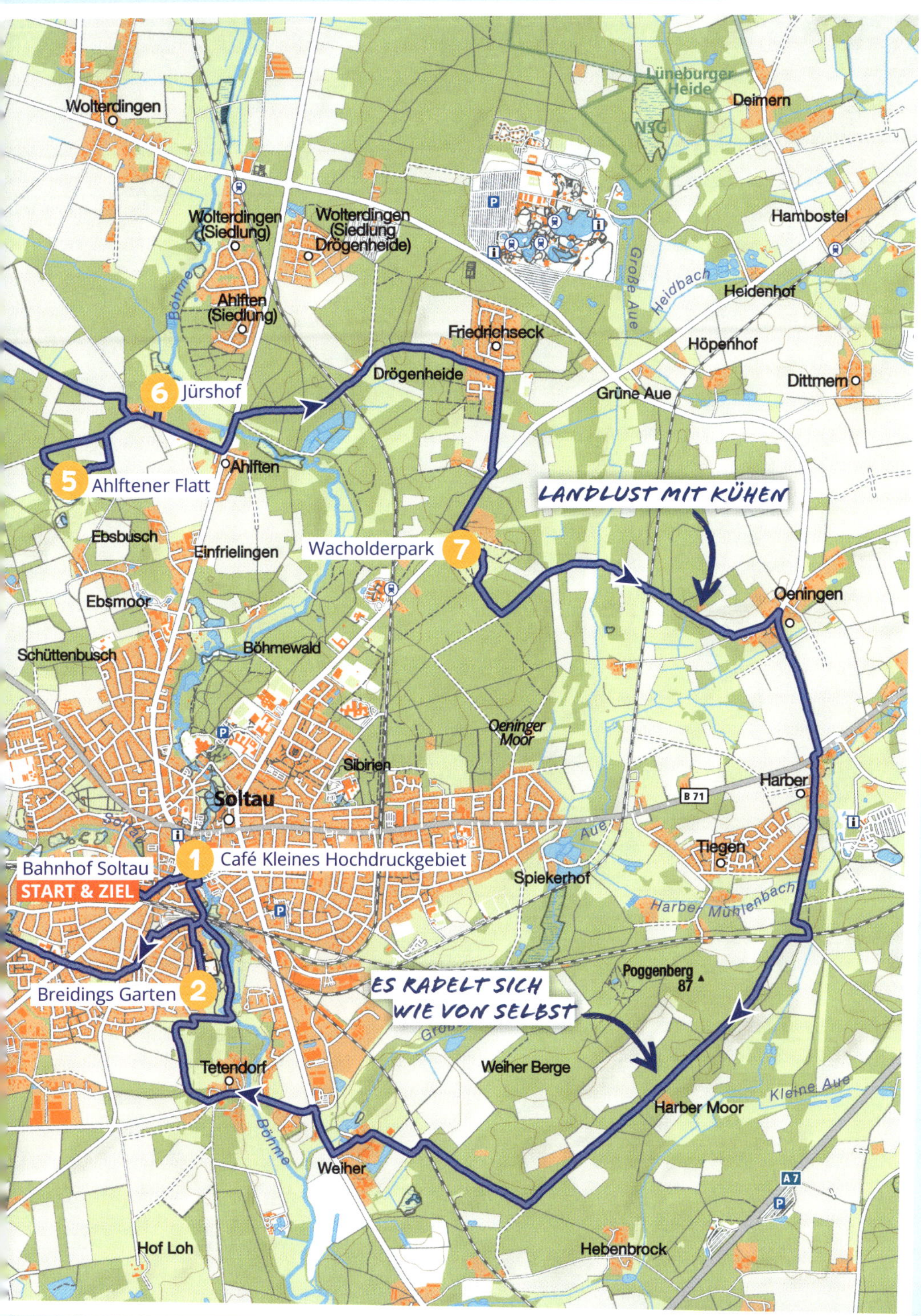
Wolterdingen
Lüneburger Heide
NSG
Deimern
Wolterdingen (Siedlung)
Wolterdingen (Siedlung Drögenheide)
Hambostel
Ahlften (Siedlung)
Böhme
Große Aue
Heidbach
Heidenhof
Friedrichseck
Höpenhof
Drögenheide
Dittmern
6 Jürshof
Grüne Aue
Ahlften
5 Ahlftener Flatt
LANDLUST MIT KÜHEN
Ebsbusch
Einfrielingen
Wacholderpark 7
Oeningen
Ebsmoor
Schüttenbusch
Böhmewald
Oeninger Moor
Sibirien
Harber
B 71
Soltau
Soltau
Aue
Tiegen
Bahnhof Soltau
START & ZIEL
1 Café Kleines Hochdruckgebiet
Spiekerhof
Harber Mühlenbach
Poggenberg 87
Breidings Garten 2
ES RADELT SICH WIE VON SELBST
Tetendorf
Weiher Berge
Harber Moor
Kleine Aue
Böhme
Weiher
A 7
Hof Loh
Hebenbrock

DIE RADELPAUSEN

»START
Bahnhof Walsrode

KM 0,5
1 Kloster Walsrode
Innere Einkehr

KM 5
2 Streuobstallee Benzen
Riesenboiken und Gute Graue

KM 11
3 Café am Jordan
Bäkschün

KM 13
4 Jordanbach
Äpfel unter Buchen

15

PILGERN MIT APFEL

Von Walsrode auf dem »Obstradler«

Streuobstwiesen sind Landschaften für die Seele. Man nimmt Inspiration und durch die Infotafeln am Wegrand viel Wissenswertes mit nach Hause, vor allem aber Äpfel, Birnen und Quitten. Abends wird Kompott gekocht. Mit Zimt, Nelken und dem Vorsatz, im nächsten Herbst wieder zum »Obstradler« aufzubrechen.

KM 14
5 Streuobstallee Sindorf
Pflück dein Glück

KM 18,5
6 Streuobstwiese Baars Manufaktur
Alte Sorten

KM 31
7 Tietlinger Wacholderhain
Heideschnack

KM 39 » ZIEL
Bahnhof Walsrode

ES GIBT HEITERE TAGE, AN DENEN DIE SONNE SCHEINT ...

» ... und die Äpfel reif sind. Sie lachen mit gelbrotgrünen Backen von den Bäumen und warten darauf, gepflückt zu werden. So ein Tag ist heute, und er beginnt am **Kloster Walsrode**. Im Klostergarten saugen die Blumen die Spätsommersonne auf, als wüssten sie, dass die warmen Tage gezählt sind. Im Fuldepark startet der Walsroder »Obstradler«, eine Tour, die alte und neue Streuobstwiesen miteinander verbindet. Am Stadtrand warten die ersten Obstbäume. Walnussbäume mit breiten Kronen und Apfelbäume, unter denen reife Äpfel liegen, es riecht wie in einer Mosterei. An den Waldrändern tragen Pfaffenhütchen rosa Beeren, ihre Blätter verfärben sich rot. Der Herbst winkt schon leise.

Vor **Benzen** zieht sich eine städtische **Streuobstallee** mit jungen Bäumen an einem Feld entlang. Sie tragen schon fleißig, man darf mit Augenmaß pflücken. Die nahe Streuobstwiese zaubert ein Lächeln auf jedes Gesicht. In Hollige stehen Fachwerkscheunen mit großen Toren, Birken säumen das Sträßchen nach Altenboizen, ein Bilderbuchdorf mit dem Sonntags-**Café am Jordan**. Hinter Kirchboizen schlängelt sich der **Jordanbach** durch lichten Wald und bei **Sindorf** wartet eine weitere **Streuobstallee**.

EINE BÄUERIN SAMMELT ÄPFEL IN EINEN BLAUEN EIMER; UNTER EINEM DER BÄUME STEHT EINE BANK

Auf der **Streuobstwiese Baars Manufaktur** am Rand von Schneeheide stehen auf vier Hektar 400 Bäume. Auch in Fulde birgt eine Obstwiese ein Vogelparadies für Gartenbaumläufer, die spiralförmig an Stämmen hinauflaufen, und Kleiber, die sie kopfüber hinunterklettern. Auf den nächsten Streuobstwiesen entdeckt man Gellerts Butterbirne und die Gute Luise, die Konstantinopler Apfelquitte und Mispeln, ein seltenes Obst, das schon fast vergessen ist.

Pfaffenhütchen: keine Anspielung auf das Kloster.

Im **Tietlinger Wacholderhain** steht ein Gedenkstein für den Heidedichter Hermann Löns. Das Heiderosa verwandelt sich gerade in herbstliche Rosttöne. Vor Walsrode dann eine letzte Entdeckung: ein Speierling, ebenfalls eine alte Wildobstart. Der Baum mit den fedrigen Blättern kann 200 Jahre alt werden. Aus den Früchten machte man früher Mus oder Marmelade, gab sie zum Apfelwein – oder brannte gleich einen Schnaps daraus. «

RADELN & GENIESSEN

Die Entdeckung der Langsamkeit.

»START
Bahnhof Walsrode

Am Bahnhof links zur B 202. Rechts dem Radweg folgen bis zum Kirchplatz.

KM 0,5

1 Kloster Walsrode

Innere Einkehr

Backsteinmauern umgeben eine Welt, die entrückt wirkt von allem, was draußen den Alltag bestimmt. Man wandelt durch den Garten, alle Hektik fällt von einem ab. Quitten und Pflaumen tanken letzte Sommersüße. Ab und zu läuten die Kirchturmglocken, sonst ist nicht viel zu hören. Das Kloster wurde 986 gegründet. Es ist das älteste der sechs Heideklöster. Nach dem großen Klosterbrand 1482 wurde es wieder aufgebaut. Zu Beginn des 16. Jahrhunderts gehörten ihm in der Umgebung 182 Höfe in 69 Dörfern. Im Dreißigjährigen Krieg plünderten schwedische Truppen das Kloster. Es steht aber immer noch und übt seinen Zauber aus. Die Klosterkapelle mit ihrer himmlischen Holzdecke von 1778 kann auch ohne Führung besichtigt werden. Der Garten ist tagsüber öffentlich zugänglich. (www.kloster-walsrode.de)

Ziehbrunnen im Klostergarten aus dem 17. Jahrhundert.

Gegenüber vom Klostereingang auf die Lange Straße. Rad auf dem Gehweg schieben, Einbahnstraße. Links auf den schmalen Kastendieckweg. Ab Fuldepark Route »Obstradler« mit Radfahrer-im-Apfel-Logo nehmen, wenn nicht vorhanden, grünen Radsymbolen folgen. Via Saarstraße, Hinter dem Friedhof, Wiener Platz, Danziger Straße. Auf Ahornring rechts in die Akazienstraße. Dem Apfel nach aus der Stadt. Autobahn unterqueren, immer geradeaus. An der Kreuzung geradeaus auf den Feldweg (gut befahrbar).

KM 5

2 Streuobstallee Benzen
Riesenboiken und Gute Graue

Hier wurden alte Sorten gepflanzt mit Namen wie aus einem Märchen: Horneburger Pfannkuchenapfel, kühl gelagert hält er bis April. Oder die Landsberger Renette, sie verträgt windoffene Lagen. Riesenboiken eignen sich gut zum Backen. Eine Birne heißt Gute Graue. Man pflückt hie und da und liest dabei die Infoschilder. Ein paar Meter weiter liegt eine eingewachsene Streuobstwiese, wie sie früher typisch für viele Höfe und Dorfrandlagen war. Imposante Hochstämme, die Zweige biegen sich unter der Obstlast. Ein Baum ist schon so alt, dass sein Stamm gespalten ist, aber er trägt noch. Das Gras steht hoch, Wildblumen blühen. Streuobstwiesen sind ein Refugium für Tiere und Pflanzen wie Trauerschnäpper und Wiesensalbei. Man könnte sich glatt an den Zaun setzen und zeichnen, was man alles so sieht.

Geradeaus, an der Kreuzung rechts nach Hollige. Im Dorf rechts, dem Apfel nach Altenboizen folgen. Auf Altenboizen links, dann rechts über den Jordanbach.

Aus alter Scheune mach ein neues Café.

Verwunschenes Idyll: Streuobstwiesen sind ein Paradies für die Artenvielfalt.

KM 11

3 Café am Jordan
Bäkschün

In Altenboitzen liegen Backsteinhöfe hinter alten Mauern. Man kann Eier aus einer Holzbox mitnehmen und Geld in die Vertrauenskasse legen, ein Hofladen bietet regionale Produkte an. Die Bäume in den Gärten hängen voller Obst. Durch das Dorf plätschert der Jordanbach, hinter der Brücke liegt ein Café. Die Dorfgemeinschaft hat die alte Bäkschün (Scheune am Bach) renoviert und betreibt sonntagnachmittags das Café am Jordan mit Ehrenamtlichen. Wer an einem anderen Wochentag vorbeiradelt, rastet vielleicht kurz auf der Terrassenbank (archiv.altenboitzen.eu/baekschuen). Von Altenboizen kann man sonntags übrigens mit der Schmalspurbahn zurück nach Walsrode (Vorwaldsrode) fahren. (www.böhmetal-kleinbahn.de)

Weiter auf Altenboizen, zweimal rechts, dann links. Beim Bahnhof Altenboizen Dorf links, 1,3 Kilometer geradeaus.

Bank mit Buchenlehne am Jordanbach.

KM 13

4 Jordanbach
Äpfel unter Buchen

Man lehnt das Rad an einen Baum und raschelt auf der Laubdecke vom letzten Jahr zwischen Buchen vor zum Wasser. Kinder würden sofort ihre Schuhe ausziehen und im sandigen Bachbett umherplanschen. Ein Mann hat sein Homeoffice unter die Bäume verlegt und auf dem Picknicktisch seinen Laptop aufgeklappt. Ein paar Meter weiter steht eine einzelne Holzbank. Zeit, um einen der Äpfel oder eine Birne zu probieren. Wie unterschiedlich sich ihre Schalen anfühlen: manche glatt, andere rau. Und wie verschieden ihre Farben sind, gelb mit roten Backen, rot mit gelben Flecken, grün oder oliv. Der erste Apfel schmeckt fein säuerlich, der nächste süß. Nur die Quitte lässt sich nicht roh essen, sie muss erst gekocht werden.

Geradeaus nach Sindorf, über B 209. Dem Apfel folgen, erste Möglichkeit rechts. Geradeaus auf dem Wiesenweg.

Balanceakt: schieben und dabei pflücken.

KM 18,5

6 Streuobstwiese Baars Manufaktur

Alte Sorten

Auf dem Bio-Streuobsthof wachsen Hochstämme mit 80 verschiedenen alten Sorten, deren Namen die Besitzer vor dem Vergessen bewahren: Prinzenapfel und Roter Eiserapfel, Kirkespflaume und Muskatellerbirne. Streuobstwiesen sind Kulturgut. Die Pomologen verzichten auf synthetische Dünger und Pflanzenschutzmittel. Sie ernten mit der Hand. Für ihre Apfelsäfte verwenden sie mehrere Sorten, das bringt den besten, vollmundigen Geschmack. Auf ihrem Hof kann man Säfte und Apfelgelee kaufen, sie bieten auch Obstbaumschnittkurse an. Es gibt drei Stellplätze für Camper, außerdem können Gäste in einem Bauwagen übernachten. Der steht am Rand der Obstwiese, um die als Windschutz eine Hecke mit heimischen Gehölzen gepflanzt wurde, darunter Haselnuss und Holunder. (streu obstwiese-baars.de)

Weiter dem Apfel nach: rechts, links, Autobahn unterqueren. Nach Fulde. Über Felder (nicht auf der Landstraße) Richtung Walsrode. Vor dem Ortsrand links (Vorsicht: Apfel-Abzweig ist leicht zu übersehen). Auf Ebbingerstraße links, rechts auf Am Vogelpark. Rechts auf Am Böhmeufer nach Uetzingen. An der Kreuzung auf die Walsroder Straße rechts. Nach 500 Metern links auf den Parkplatz (etwas versteckt), Beschilderung Tietlinger Wacholderhain.

KM 14

5 Streuobstallee Sindorf

Pflück dein Glück

Die Bäume wurden vor ein paar Jahren neu gepflanzt. Sie haben bereits eine stattliche Größe und tragen reichlich. Birnen und Äpfel, das Obst hängt hinab wie im Schlaraffenland. Dazwischen stehen Kirschbäume, die früher im Jahr tragen. Der Weg führt über eine Wiese, am besten schiebt man sein Rad. Dann hat man mehr Muße, die verschiedenen Sorten zu bewundern und zwischendurch die Hand danach auszustrecken. An Feldrändern finden Spitzmaus und Mauswiesel Schutz unter den stacheligen Zweigen von Weißdorn und Schlehe.

Weiter auf dem Wiesenweg, er führt im Bogen zur Straße zurück. Rechts. Dem Apfelsymbol auf die Schneeheide folgen.

Radfahren macht durstig: Hier gibt es köstlichen Apfelsaft.

Raum für Mythen: Kiefern, Heide und Wacholder.

KM 31

7 Tietlinger Wacholderhain

Heideschnack

Spinnennetze spannen sich im Abendlicht über die Sträucher, als hätten Elfen ihre Kleider aufgehängt. Die Stämme der Kiefern leuchten rötlich. Man kann zwischen Wacholder spazieren gehen, langsam fahren geht auf den schmalen Wegen aber auch. Die Anhöhe am Löns-Gedenkstein ist ein schöner Platz für eine letzte Rast. Hermann Löns (1866–1914) setzte sich schon Anfang des 20. Jahrhunderts für Naturschutz in der Lüneburger Heide ein. In seinem Buch »Der letzte Hansbur, ein Bauernroman aus der Lüneburger Heide« beschreibt er das Leben der Heidjer. Ihre Höfe lagen schon damals versteckt hinter Eichen, Hülsen (Stechpalmen) und Holderbüschen (Holunder). »Heideschnack« nennt der Pastor in dem Buch den Aberglauben der Dorfbewohner. Sie aber glaubten, es sei etwas dran an den alten Geschichten.

Wieder zum Parkplatz, links auf die Walsroder Straße, später Bomlitzer Straße, geradeaus. Vor Honerdingen links auf einen kleinen Weg an der Wiese entlang. Beim Spielplatz rechts. Auf Wilhelm-Asche-Weg links. Auf Eichenkamp rechts. Rechts ein kurzes Stück auf dem Radweg an der B 209, gegenüber beim Landgasthof Vollmer auf der Dorfallee durch Meinerdingen, nach 500 Metern rechts auf den Radweg. Apfel- und Radsymbol nach Walsrode. Via Albert-Einstein-Straße und Am Butterberg rechts auf die B 209. Links auf Am Bahnhof.

EXTRA INFOS:

Einen Plan für den **»Obstradler«** gibt es im Internet oder in der Touristen-Information in Walsrode (www.bund-heidekreis.de/ortsgruppe-walsrode/obstradler). Darauf sind alte und neu angepflanzte Streuobstwiesen und -alleen eingezeichnet. Private Wiesen darf man nur mit Genehmigung betreten, auf denen der Stadt darf man für den Eigenbedarf ernten.

In ● **Meinerdingen** steht im alten Dorfkern ein Schmuckkästchen, eine kleine **Kirche** aus dem frühen 13. Jahrhundert. Der ganze Kirchhof hat etwas Verträumtes. Im ehemaligen Pfarrwitwenhaus betreibt die Gemeinde dienstags ein Café. (www.kirchengemeinde-meinerdingen.de/Wir_fuer_Sie/Kirch-Cafe)

Den berühmten ● **Weltvogelpark Walsrode** hebt man sich für einen Extra-Besuch auf. (www.weltvogelpark.de)

KM 39 » ZIEL

Bahnhof Walsrode

Abendruh: zauberhafte Kirche in Meinerdingen.

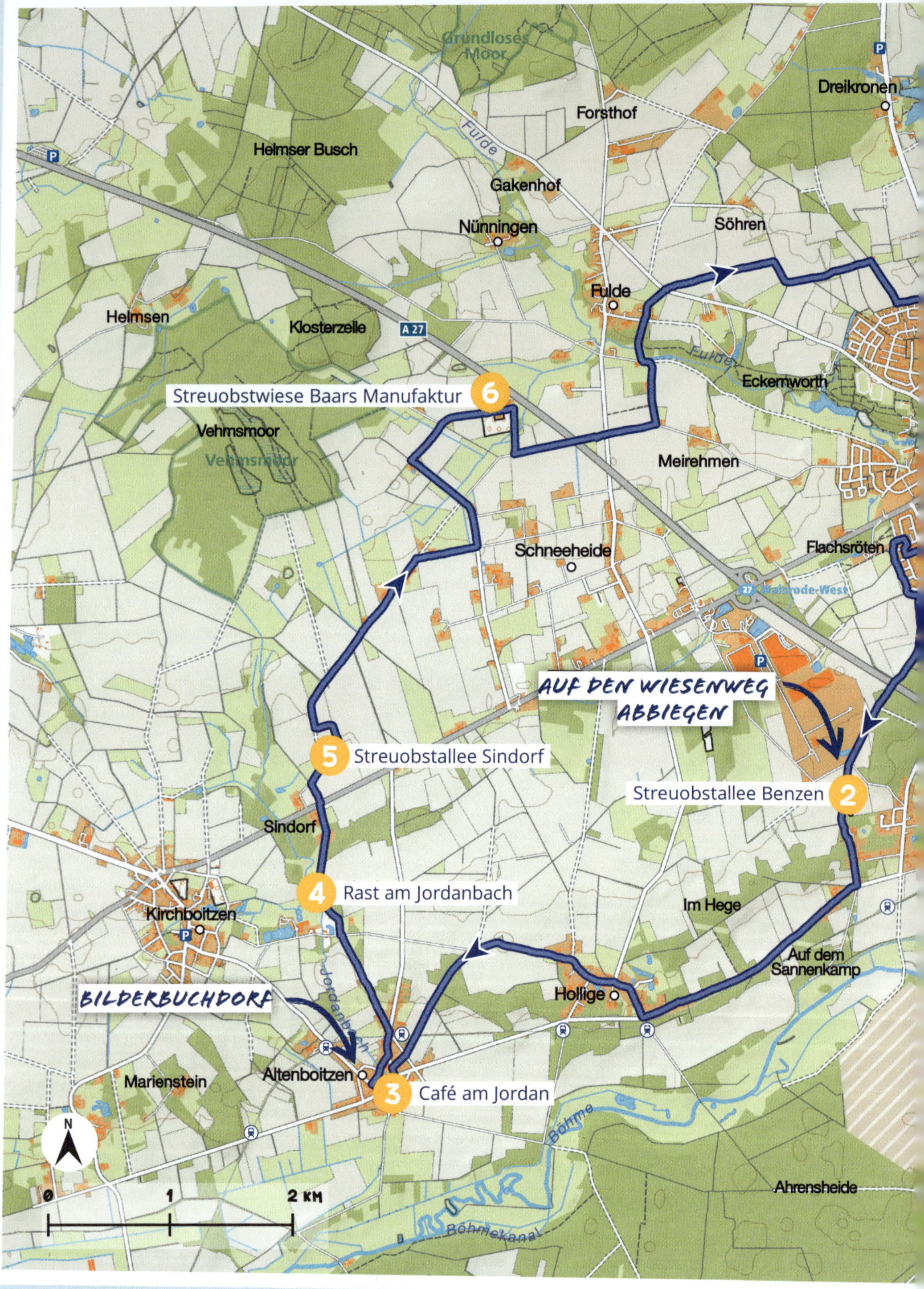

Grundloses Moor
Forsthof
Dreikronen
Fulde
Helmser Busch
Gakenhof
Nünningen
Söhren
Fulde
Helmsen
Klosterzelle
A 27
Fulde
Eckernworth
Streuobstwiese Baars Manufaktur
6
Vehmsmoor
Vehmsmoor
Meirehmen
Schneeheide
Flachsröten
27
Walsrode-West
AUF DEN WIESENWEG ABBIEGEN
5
Streuobstallee Sindorf
Streuobstallee Benzen
2
Sindorf
4
Rast am Jordanbach
Im Hege
Kirchboitzen
Jordanbach
Auf dem Sannenkamp
BILDERBUCHDORF
Hollige
Marienstein
Altenboitzen
3
Café am Jordan
Böhme
N
Ahrensheide
0
1
2 KM
Böhmekanal

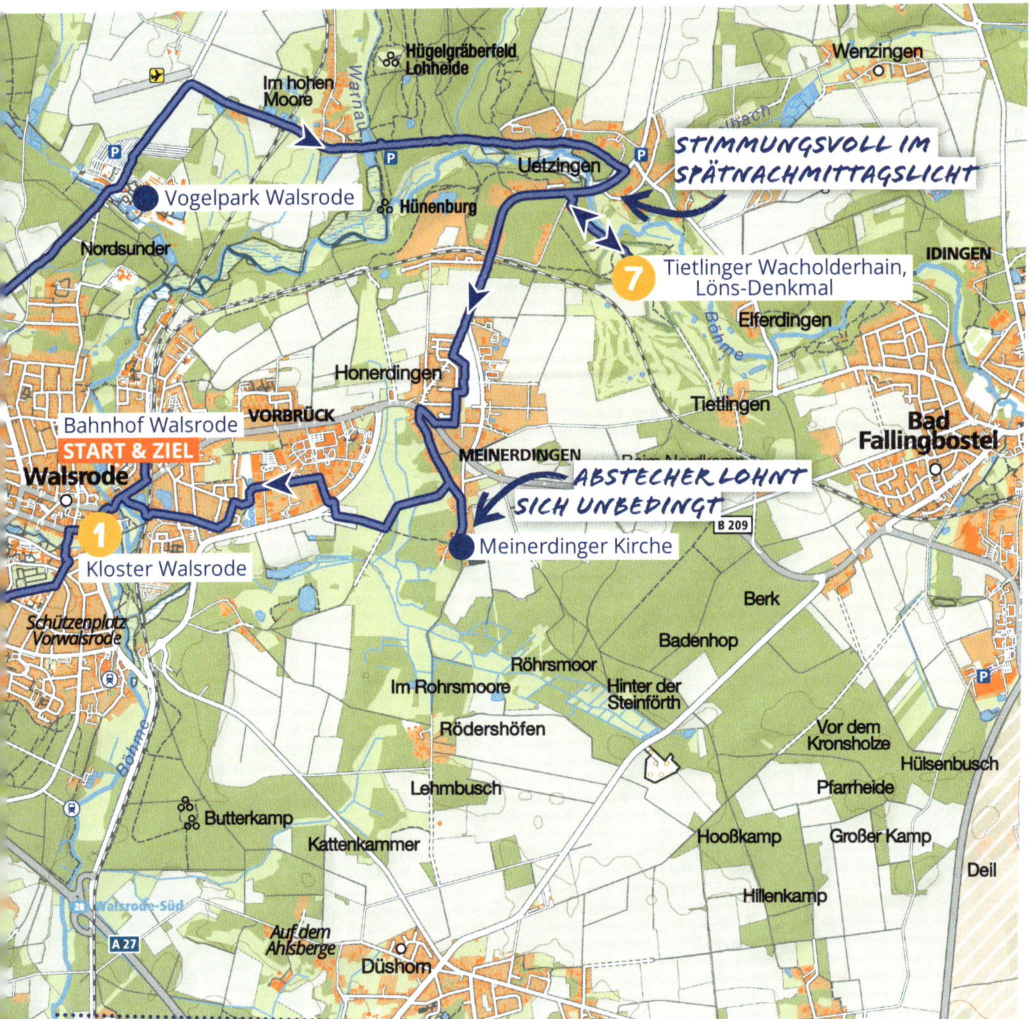

AUF EINEN BLICK:

- » **Start/Ziel:** Bahnhof Walsrode (66 Min. ab Buchholz/Nordheide). Bei Anreise mit Auto und Fahrradgepäckträger Parkplätze hinter dem Kloster.
- » **Strecke/reine Radelzeit:** 39 km (Rundtour), 3 Std. 30
- » **Höhenmeter:** ↗111 m ↘111 m
- » **Wegbeschaffenheit:** Meist Asphalt, selten Feld- und Wiesenwege.
- » **Beste Zeit:** Frühjahr zur Obstblüte, Herbst zur Erntezeit.
- » **Mitnehmen:** Leinentasche und Fahrradkorb, Obstmesser, Skizzenblock, Verpflegung und Getränke, da unterwegs unter der Woche keine Einkehrmöglichkeiten.

DIE RADELPAUSEN

» START
Bahnhof Verden (Aller)

KM 1
1 Verdener Dom
Backsteingotik

KM 5
2 Dünengebiet
Dünen wie am Meer

KM 11
3 St.-Petri-Kirche
Orgelwunder

KM 13,5
4 Historische Straße
Wie im Märchenland

16 BISCHOFS-LAND

Rundtour um Verden (Aller) und Kirchlinteln

Reiches Fachwerk und ein beeindruckender Dom im Südwesten der Lüneburger Heide. Im Mittelalter reichte der Einfluss des Bistums Verden bis an die Elbe, nach Lüneburg und ins Wendland. Die Aller, sanft hügelige Geest, Moore, Heide, Wälder und verträumte Dörfer, all das liegt vor den Toren der Stadt.

KM 14

5 Parasolpilze
Männlein aus dem Walde

KM 20

6 Wildblumen
Und es summt

KM 40,5

7 Domschänke
Wie anno dazumal

KM 41,5 » ZIEL
Bahnhof Verden (Aller)

AUS EINEM EINFACHEN FISCHERDORF …

» … wurde ein bedeutender Bischofssitz. Der mächtige **Verdener Dom** zeugt noch heute davon. Um 800 von Karl dem Großen am östlichen Rand seines damaligen Reichs gegründet, lag Verden von Anfang an strategisch günstig. Nicht umsonst geht der Name auf »Fähre« oder »Furt« zurück. Im Verdener Stadtwald entdeckt man eine Landschaftsform, die man dort nicht erwartet: **Dünen**. Hinter Scharnhorst öffnet sich die Feldmark. Kühe grasen auf satten Wiesen, Kälber an ihrer Seite. Glockenblumen schütteln ihre Köpfchen beim leisesten Windhauch.

St. Petri heißt die Kirche auf dem Hügel in Kirchlinteln, einladend leuchtet sie in warmem Rot. Die **Historische Straße** ist ein märchenhafter Weg mit über 100 Jahre altem Kopfsteinpflaster. Dazu passen die **Parasolpilze**, die man zwischen den Eichen erspäht.

IN DEN HECKEN FUNKELT ES VOGELBEERENROT, DAMIT DIE VÖGEL NICHT LANGE SUCHEN MÜSSEN

Die Straße nach Kükenmoor säumt eine Lindenallee. Auf lichten Waldwegen fährt man am Rand des Verdener Moors, das sich hinter Wiesen und Wäldern verbirgt. Über Jahrhunderte trockengelegt und abgebaut, wird mittlerweile ein kleiner Teil wieder renaturiert. Es ist ein verwunschener Weg, das Gras schimmert silbrig, fast verdeckt es die violetten Blüten: Wilde Malven. Ein **Wildblumenstreifen** schmiegt sich an den Wegrand.

Neugierige Geestbewohner.

Ein Bauer fährt am Sonntag mit einem Heuwender auf seiner Wiese, er nutzt die trockenen Stunden einer regenreichen Woche. An den Feldrändern stehen Weißdorn und Pfaffenhütchen. Bei Ihlden grasen edle Pferde auf den umliegenden Weiden, die ganze Gegend strahlt bodenständige Ruhe aus. In Neddenaverbergen sind einige Backsteinhöfe seit Generationen in Familienbesitz. Armsen gilt als das Dorf der Quellen, Eichen und Gärten. In so einem Dorf mit altem Baumbestand, Ställen und Höfen zwitschern Spatzen und Rauchschwalben. Schleiereulen gelangen durchs »Uhlenlock« in luftige Scheunen. Direkt an der Aller radelt man wieder nach Verden hinein. In der **Domschänke** am Domplatz servieren sie den Käsekuchen warm. «

RADELN & GENIEßEN

An der Aller begann die Geschichte Verdens.

» START

Bahnhof Verden (Aller)

Auf der Bahnhofstraße links, Beschilderung Richtung Zentrum und Dom. Eingang zum Dom unter dem Wappen.

KM 1

1 Verdener Dom

Backsteingotik

An der Furt kreuzten sich die Wege von Händlern und Pilgern. Verden verdiente an allen Besuchern kräftig mit, erhob auf Waren Brücken-, Wege- und Stapelzoll. Aber der Dom überragte alles. Man besucht ihn am besten vor der Radtour, da er um 17 Uhr schließt. Zwei Holz- und Steinkirchen standen bereits an der Stelle, bevor 1290 der Grundstein zum heutigen Bauwerk gelegt wurde. Es dauerte rund 200 Jahre, bis der Dom fertiggestellt wurde, zwischendurch war das Geld knapp, das Dach einsturzgefährdet. Der Kreuzgang ist noch aus romanischer Zeit. Hohe Fenster sorgen in der Hallenkirche für einen lichtdurchfluteten Raum. Weiße Pfeiler tragen den in Rot gestrichenen Gewölbehimmel. Im Sommerhalbjahr finden Domführungen statt. (www.dom-verden.de/leben/dom/domfuehrungen)

Ein Dom, der durch seine Klarheit beeindruckt.

Auf der Domstraße rechts am Dom vorbei. Rechts auf die Strukturstraße, zur Aller hinunter. Am Fluss entlang, am Parkplatz links, Brückstraße queren. Kurz rechts, gleich wieder links auf Radweg in den Allerpark. An der Aller bis Blumenwisch, rechts. Links auf Große Straße, rechts auf Claus-Ruge-Straße. Hinter dem Parkplatz links, Johanniswall queren, auf Lindhooper Straße. Nach 400 Metern links auf Brunnenweg, zwei Kilometer geradeaus (Aller-Heide-Radweg). Dünen im Wald auf der linken Seite.

KM 5

2 Dünengebiet
Dünen wie am Meer

Ein paar Schritte durch den Kiefernwald, und schon blickt man über sandige Hügel. Die Binnendüne, die mittlerweile nicht mehr wandert, entstand vor etwa 15 000 Jahren. Man könnte meinen, man stünde in einer mediterranen Landschaft und nicht in einem norddeutschen Naturschutzgebiet. Am Rand der Dünen wachsen Silbergras und Seggen, es hat sich Magerrasen ausgebildet. In der trocken-warmen Umgebung fühlen sich Insekten wie Dünensandlaufkäfer und Ameisenlöwe wohl. Man kann sich auf die Anhöhe am Waldrand setzen und Baumpieper und Heidelerche lauschen. Wer tiefer eintauchen möchte: Es führen Rad- und Wanderwege durch die ganze Gegend. Da die Pflanzen, die auf dem kargen Boden wachsen, sehr empfindlich sind, sollte man auf den Wegen bleiben.

Weiter auf der Straße bis Uhlemühlen. Der Beschilderung nach Scharnhorst folgen, dabei die Autobahn unterqueren. Im Ort rechts auf Am Giersberg. Links, auf Am Giersberg bleiben. Rechts auf Im Dorf. Auf Lämmer Moor Beschilderung nach Kirchlinteln. Im Ort links auf Zum Lindhoop. Auf Deelsener Straße rechts. Links und gleich wieder rechts auf An der Kirche.

Wirkt karg, ist aber voller Leben: Dünenlandschaft.

Lieblingsbeschäftigung an einem eher grauen Tag: Farbtupfen ausspähen.

KM 11

3 St.-Petri-Kirche
Orgelwunder

Was für ein schönes Rot! Ein wenig erinnert die Farbe von St. Petri an das Deckengewölbe im Verdener Dom. Aber das ist Zufall, auch wenn einst vom Verdener Bistum der Erlass kam, in dem Dorf eine Kirche zu errichten. Der romanische Turm wurde um 1200 gebaut. Drinnen steht man still und staunt. Die Holzdecke ist in Blau- und Grüntönen gestrichen, um den Kirchenraum zieht sich eine Galerie in Lila und Weiß. Alles strahlt Ruhe und Klarheit aus. Der größte Schatz aber ist die Orgel auf der Empore: Sie ist rot, cremefarben und golden. Engel spielen Posaune, Fantasiewesen, halb Drache, halb Pferd, schmücken die silbernen Pfeifen. Das kostbare, restaurierte Gehäuse stammt von 1587 und stand einst in einer Kirche in Stade. Als diese 1835 abgerissen wurde, kaufte es die Gemeinde von Kirchlinteln.

An der Kirche vorbei, rechts auf Alte Dorfstraße, dann Kükenmoorer Straße (Historische Straße), Beschilderung nach Kükenmoor (Nebenstrecke Aller-Heide-Radweg).

Gilt für alle Dorfkirchen: unbedingt absteigen und besichtigen.

DAS INNERE DER KIRCHE IST WUNDERVOLL

KM 13,5

4

Historische Straße

Wie im Märchenland

Der Weg wurde Mitte des 18. Jahrhunderts mühevoll mit Pflastersteinen ausgebaut, um den in den nahen Mooren gestochenen Torf besser abtransportieren zu können. Hühnermoor, Kükenmoor, Verdener Moor, hier wurde Brennmaterial für Verden und die umliegenden Dörfer in Marsch und Geest gewonnen. Was muss das für ein Gerumpel gewesen sein, wenn die Fuhrwerke mit ihren Holzrädern über diese Steine fuhren, damit die Bischöfe in Verden ihre Stuben heizen konnten. Das Sträßchen ist auf beiden Seiten von einer Eichenallee eingefasst, die zeitgleich mit dem Bau der Straße gepflanzt wurde. Radfahren auf Kopfsteinpflaster holpert natürlich auch, aber auf dem feinen Gravel-Streifen am Rand lässt es sich hervorragend fahren. Zwischen den Eichen blickt man immer wieder auf Wiesen und Wälder.

Weiter auf der Historischen Straße, links und rechts Grasstreifen zwischen den Eichen scannen.

Alter Torfweg: Historische Straße und Kulturdenkmal.

Tragen unter ihrer Haube eine Manschette: Parasolpilze.

KM 14

5 Parasolpilze
Männlein aus dem Walde

Wer in der richtigen Jahreszeit unterwegs ist, entdeckt sie vielleicht direkt am Wegrand im Gras – Parasolpilze. Natürlich gibt es keine Garantie, aber andererseits: Wo Pilze sich wohlfühlen, wachsen sie gerne jedes Jahr wieder. Mit ihren genoppten hellbraunen Kappen sehen sie aus wie für ein Märchenbuch illustriert. Wie Waldmännchen, die sich zu einem Plausch versammelt haben. Mit einer beweglichen Manschette am Stiel handelt es sich um schmackhafte Speisepilze. Außer bei den ganz jungen Pilzen sind die Kappen flach und lassen sich wie ein Schnitzel braten. Wer eine Tasche und ein Pilzmesser mitgebracht hat, kann sein Abendessen sammeln. Aber Vorsicht: Wer sich nicht wirklich gut auskennt, sollte einen ausgewiesenen Pilzkenner fragen – oder die Männlein besser im Walde stehen lassen!

Weiter bis Kükenmoor (ausgeschildert), dann Beschilderung nach Goldborn folgen (rechts durch Felder). Achtung: Hinter dem Dorf nicht dem Radweg-Symbol nach links folgen, sondern weiter geradeaus auf kleinerem Wald- und Wiesenweg (lässt sich gut befahren). Rastbank an der Kreuzung rechts auf dem Lehringer Damm.

KM 20

6 Wildblumen
Und es summt

Warum sollte man sich nicht einmal im Pflanzenbestimmen üben? Es gibt Apps, die einem dabei helfen. Wieder so ein Moment, in dem man vom Rad steigen kann. Rosarote Lichtnelken, zartrosa Moschusmalven, der blaue Gewöhnliche Natterkopf, Gelber Hahnenfuß und Mohn sind Seelenschmeichler. Dort, wo der Weg aus dem Wald wieder ins Offene führt, haben Naturschützer ein Insektenhotel für Wildbienen aufgehängt. Nicht weit entfernt stehen eine moosbedeckte Bank und eine Eiche, an die man sein Rad lehnen kann. Daneben ein Flieder, der im Frühjahr duftet. Nach vorn ein weiter Blick, was braucht man mehr für einen guten Rastplatz? Eben – nichts. Halbzeit der Tour, mittlerweile scheint die Sonne. Man setzt seinen Fahrradhelm ab und packt Picknick und Getränke aus.

Geradeaus Beschilderung nach Ihlden. Über die A 27. Vor Ihlden rechts, Beschilderung nach Neddenaverbergen – Luttum – Eitze. Rechts auf Neue Wiesen, links auf Im Osterfeld, am Eitzer See vorbei. Hinter dem See links auf die Eitzer Dorfstraße. Im Dicken Ort rechts. Auf den kleinen Weg An der Furt. Links auf die Weitzmühlener Straße, rechts auf Eitzer Straße. Über die Brücke nach Verden. Nach 200 Metern links in den kleinen Weg, links auf die Bürgermeister-Urban-Straße. In der Kurve scharf links den Weg hinunter zur Aller (Vorsicht: steil!). An der Aller rechts, Beschilderung Richtung Dom.

Wilde Malven verstecken sich am Wegrand im Gras.

KM 40,5

7 Domschänke

Wie anno dazumal

Die ganze Umgebung des Doms ist zauberhaft. Dazu passt das Fachwerkhaus von 1700, in dem es Kaffee und Kuchen gibt. Man kann auf der Terrasse mit Blick auf den Domplatz auch à la carte essen, Reservierung empfiehlt sich. Dabei denkt man noch mal an das Wappen über dem Eingang zum Dom. Ein Löwe und ein Einhorn bewachen zwei ineinander verschnörkelte goldene Buchstaben auf blauem Grund: G und R stehen für Georg und Rex (König). Das Wappen von Georg IV., König von Hannover und England, wurde 1830 über der Tür angebracht, da er die Restauration des Doms sehr unterstützt hat. So schließt sich der Kreis zu den Welfen in Celle, der anderen Stadt, durch die die Aller fließt (siehe Tour 17). Insgesamt legt sie 260 Kilometer zurück, bevor sie kurz hinter Verden in die Weser mündet.

Wie auf dem Hinweg zum Bahnhof zurück.

EXTRA INFOS:

Niedersachsen ist Pferdeland, und Verden trägt den Zusatz Reiterstadt im Namen. im ganzen Umland werden traditionell Hannoveraner gezüchtet, die man unterwegs auf vielen Weiden sieht, und die zu den erfolgreichsten Sportpferden der Welt zählen. Das ● **Deutsche Pferdemuseum** erzählt von der Kulturgeschichte des Pferdes, der engen Verbindung zwischen Pferd und Mensch, ohne die die Weltgeschichte wohl anders verlaufen wäre. (www.dpm-verden.info)

Vom ● **Fahrgastschiff-Fähranleger** in Verden kann man an manchen Tagen mit dem Schiff auf Aller und Weser in vier Stunden bis nach Bremen schippern. Mit Rückfahrt ist man den ganzen Tag unterwegs, aber es gibt auch kürzere Touren. (www.flotte-weser.de)

KM 41,5 » ZIEL

Bahnhof Verden

Dem Schild ist nichts hinzuzufügen, höchstens ein Käsekuchen.

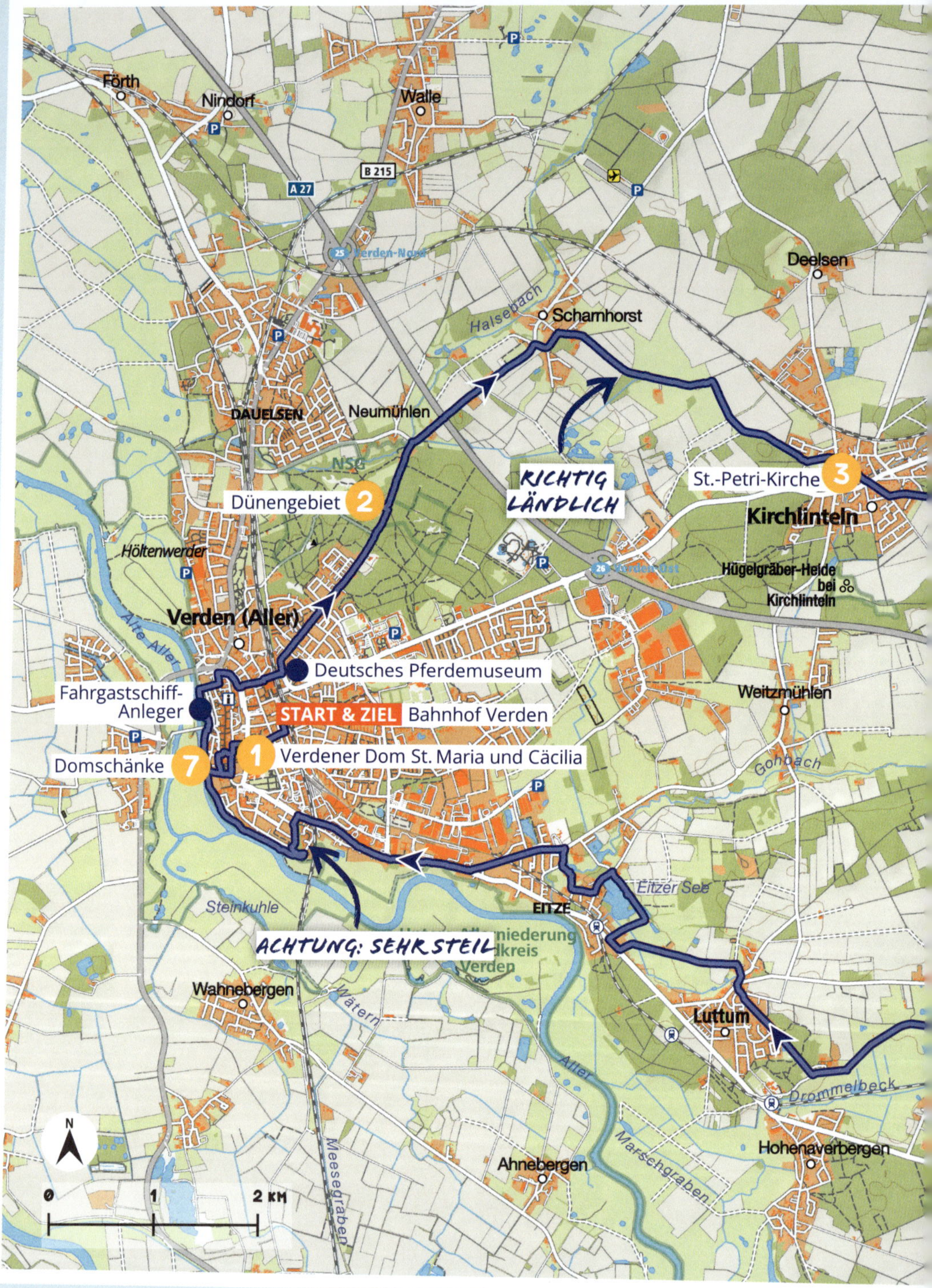
Förth
Nindorf
Walle
B 215
A 27
Verden-Nord
Deelsen
Halsebach
Scharnhorst
DAUELSEN
Neumühlen
NSG
RICHTIG LÄNDLICH
St.-Petri-Kirche 3
Dünengebiet 2
Kirchlinteln
Höltenwerder
Verden-Ost
Hügelgräber-Heide bei Kirchlinteln
Verden (Aller)
Alte Aller
Deutsches Pferdemuseum
Fahrgastschiff-Anleger
START & ZIEL Bahnhof Verden
Weitzmühlen
Domschänke 7
1 Verdener Dom St. Maria und Cäcilia
Gohbach
Eitzer See
Steinkuhle
EITZE
ACHTUNG: SEHR STEIL
Verden
Wahnebergen
Wätern
Luttum
Aller
Drommelbeck
Meessegraben
Ahnebergen
Marschgraben
Hohenaverbergen
N
0
1
2 KM

AUF EINEN BLICK:

- **Start/Ziel:** Bahnhof Verden (Aller) (19 bis 27 Minuten ab/bis Bremen Hauptbahnhof)
- **Strecke/reine Radelzeit:** 41,5 km (Rundtour), 3 Std. 45 Min.
- **Höhenmeter:** ↗54 m ↘54 m
- **Wegbeschaffenheit:** Meist Asphalt, kürzere Abschnitte Kopfsteinpflaster (gut befahrbarer Streifen am Rand) oder Waldweg (fester Untergrund).
- **Beste Zeit:** Frühling bis Herbst.
- **Mitnehmen:** Stofftasche, Pilzmesser und -bestimmungsbuch; Wildblumenbestimmungsbuch. Unbedingt Proviant und genügend Wasser, unterwegs haben unter der Woche tagsüber keine Einkehrmöglichkeiten geöffnet.

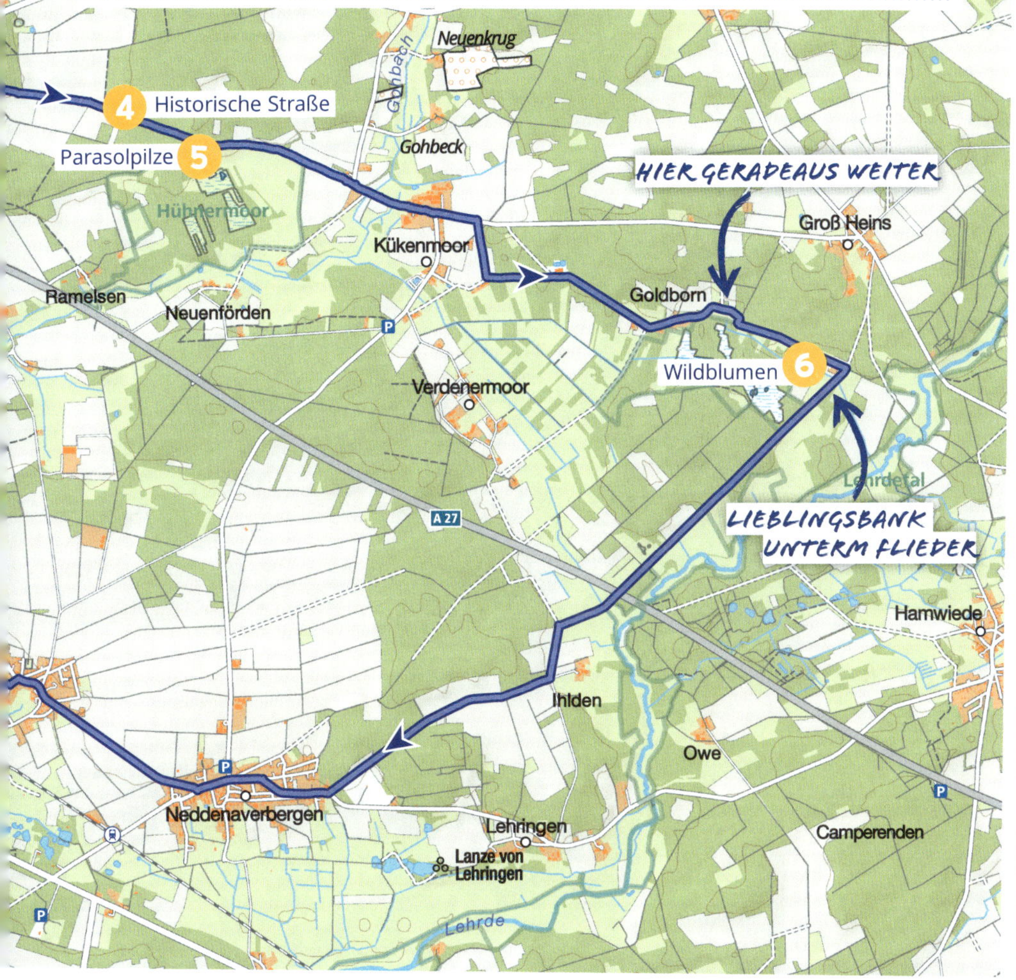

DIE RADELPAUSEN

» START
Bahnhof Celle

KM 1,5
1 Celler Schloss
Welfenland

KM 3,5
2 Himmelsliege
Allerblick

KM 9
3 Allerlei in Osterloh
Picknick-Time

KM 13
4 Kloster Wienhausen
Stille und Kunst

17

SCHLOSS-GEFLÜSTER

An der Aller von Celle nach Gifhorn

An Start und Ziel der Tour warten zwei Schlösser. Und dazwischen? Die Celler Altstadt, ein Fachwerktraum. Urige Weiden und Störche. Bauerngärten und ein berühmtes Kloster. Baumriesen wachen über die Landschaft, durch die sich die Aller in Schleifen zieht. Dort sitzt man flussträumend am Ufer.

KM 13

5 Nini's Café
Kuchenträume

KM 32,5

6 Heimatmuseum Müden (Aller)
Dorf-Nostalgie

KM 47

7 Schloss Gifhorn
Noch ein Welfenschloss

KM 51,5 » ZIEL

Bahnhof Gifhorn

WEISS STRAHLT DAS WELFENSCHLOSS, ...

» ... märchenhaft thront es in **Celle** in seinem Park. Nach der Schlossführung schiebt man sein Rad durch die Altstadt. Das größte zusammenhängende Fachwerkensemble Europas überstand die Kriege der vergangenen 400 Jahre und steht unter Denkmalschutz. Über die Dammaschwiesen radelt man aus der Stadt. Weiden schütteln ihre Zweige vom Regen aus, rote Lichtnelken blitzen aus dem Gras. Noch spritzt der nasse Boden unter den Reifen, aber der geschwungenen **Himmelsbank am Ufer** kann man nicht widerstehen.

Die Wiesen der Allerniederung sind von Tümpeln und Gräben durchzogen. Ein junger Mäusebussard in hellem Federkleid steigt auf. Am alten Allerwehr bei **Osterloh** wurde ein spannendes Renaturierungsprojekt durchgeführt, zwei Fischer warten auf Petris Heil. Von den Feldern stiebt ein Schwarm Spatzen auf. Über Bockelskamp erreicht man **Wienhausen**, einen mittelalterlichen Klosterort. Mit Fachwerkbauten und einem Kirchturm aus Holz, überragt von dem **Kloster**, das Kunstschätze birgt. In **Nini's Café** werden Kuchenträume wahr.

DICHTE SCHILFGÜRTEL SÄUMEN DEN FLUSS, ES RIECHT NACH TANG UND KINDHEITSFERIEN

In Offensen grasen die Kühe hinter den Höfen auf Weiden, die an die Auen mit ihren Altgewässern grenzen. Vor der Allerbrücke in Schwachhausen blühen Sonnenblumen und Dahlien zwischen Gemüsebeeten. An der Langlinger Schleuse zweigt der Wienhauser Mühlenkanal ab. In Langlingen werden noch Reisigbesen von Hand gefertigt. Alleen säumen landwirtschaftliche Wege.

Die Celler Altstadt steht komplett unter Denkmalschutz.

In **Müden** mündet die Oker, die im Harz entspringt, in die Aller. Der über 1000 Jahre alte Dorfkern mit Kirche strahlt Geborgenheit aus. Vor Bokelsberge sind auf einem Feld Rote Bete, Salat, Lauch und Paprika angebaut, alles ungespritzt, wie auf einer Tafel steht. Auf einer Weide wälzt sich ein geschecktes Pony, auf einer anderen grast eine Schafherde. Ein Landidyll, hinter dem harte Arbeit steckt. Kiefernwald umhüllt einen mit würzigem Duft, bevor man **Gifhorn** erreicht. Auch hier steht ein Welfenschloss, von einem Schlossgraben umgeben, auf einer Insel. «

RADELN & GENIEßEN

Am Fluss, das sind immer besondere Touren.

»START

Bahnhof Celle

Auf der Bahnhofstraße geradeaus, der Beschilderung Richtung Zentrum und Celler Schloss folgen.

KM 1,5

1 Celler Schloss

Welfenland

Hinter einer Glaswand bewundert man die Barockkapelle.

Die 1315 errichtete Burg wurde später zum Renaissanceschloss umgebaut. Der Schlossgraben war einst 50 Meter breit. Architektur und Innenausstattung sind einzigartig, sodass sich auf jeden Fall eine Führung lohnt. Das Celler Schloss birgt nicht nur Glanz und Geheimnisse der Welfen, sondern auch deutsch-englische Geschichte. Vom 14. Jahrhundert bis 1705 residierten dort die Herzöge von Braunschweig-Lüneburg. George I., der 1714 in Personalunion König von Hannover und England wurde, stammt aus dem Welfengeschlecht. Das barocke Schlosstheater von 1674 wird bis heute bespielt. Das Prunkstück des Schlosses ist seine Barockkapelle, für eine protestantische Kapelle erstaunlich opulent. Vergoldete Engel schweben über allem. (www.celle.de/Tourismus/Schloss-Celle)

Gegenüber vom Schloss auf Stechbahn, dann Zöllnerstraße geradeaus durch die Altstadt. Auf Am Heiligen Kreuz links, auf Schuhstraße rechts, dann geradeaus. Auf der Pfennigbrücke über die Aller. Gleich hinter der Brücke rechts auf den Aller-Radweg (Symbol: Fluss mit zwei Wolken), etwa zwei Kilometer bis zur Wegbiegung.

Rauschendes Renaturierungsprojekt an einem Altarm der Aller.

KM 3,5

2 Himmelsliege
Allerblick

Die erste Aller-Pause, auch wenn man noch nicht lange unterwegs ist. Von der Liege sieht man dabei zu, wie sich die Wolken verziehen. Der sandige Abschnitt lädt ein, an warmen Tagen ins Wasser zu waten oder sogar zu schwimmen. Schwäne, weiß wie das Schloss, ziehen auf dem Fluss entlang, auf dem einst das Getreide aus der Magdeburger und Braunschweiger Gegend über die Weser bis nach Bremen gelangte. An einer strategisch günstigen Stelle hatte Heinrich der Löwe 1150 Celle (Altencelle) am Allerufer als Zollstätte gegründet. 200 Jahre später war der Fluss dort versandet und der Stadtsitz wurde an seine heutige Stelle verlegt. Flussaufwärts bietet sich eine weitere Möglichkeit zu baden. Man kann dort an einem Seil übers Wasser schwingen. Aber unbedingt vorher prüfen, ob es tief genug ist!

Auf dem Aller-Radweg bis zur Landstraße (Alte Dorfstraße), rechts, dann links auf Osterloher Landstraße. Beschilderung bis Osterloh, weiter über die Aller. Picknickplatz links.

Wieder aufstehen? Nein danke.

KM 9

3 Allerlei in Osterloh
Picknick-Time

Über Jahrhunderte sorgte die Aller immer wieder für Überflutungen. Wenn im Harz die Schneeschmelze einsetzte oder es lange sehr viel regnete, trat sie über die Ufer. Die Menschen griffen in ihren Lauf ein, hielten sie mit Dämmen und Schleusen in Schach. Nun wurde im Rahmen eines Renaturierungsprojekts hinter dem Alten Wehr bei Osterloh ein Altarm wieder an die Aller angeschlossen, um in den Auen die Artenvielfalt zu fördern. Der Fluss rauscht über 14 Wälle aus Naturstein und fließt eine Schleife. Ein Picknickplatz mit einer Geräuschkulisse, die nach Urlaub klingt. Auf der anderen Flussseite stakst ein Storchenpaar über eine Wiese, auf der Sauerampfer und Schaumkraut wachsen. Störche können in wenigen Minuten bis zu 100 Heuschrecken verspeisen, aber noch zirpen hier die Grillen.

Der Aller-Radweg ist auf alten Karten noch etwas anders eingezeichnet, aber vor Ort, wie überhaupt im ganzen Verlauf, hervorragend ausgeschildert. Beschilderung bis Wienhausen. Auf Celler Straße bei erster Gelegenheit links über den Wienhauser Mühlenkanal. Hinter der Brücke rechts auf Am Klosterpark bis zum Kloster.

KM 13

4

Kloster Wienhausen
Stille und Kunst

Gegründet wurde das Kloster im 13. Jahrhundert von Agnes von Meißen. Noch heute leben Konventualinnen, evangelische Stiftsdamen, in den Gemäuern. Sie bieten hervorragende Führungen an. Hier im Kloster lebten einst die Töchter des Adels. Der Nonnenchor ist kunstgeschichtlich einmalig. 1355 wurde er von Meistern der Braunschweiger Schule bemalt. Auch sonst gibt es an jeder Ecke etwas zu bestaunen. Kerzenhalter, mit hauchdünnem Lack überzogen, oder den Kisten-Gang mit den Holzkisten, in denen die Nonnen einst ihre Habseligkeiten unterbrachten. Im Refektorium sind die weißen Balken über und über mit Girlanden und Früchten bemalt, ein heiterer Ort. (www.kloster-wienhausen.de)

Gegenüber vom Kloster auf An der Kirche. Das Café liegt links an der Ecke zur Hauptstraße. Vorher unbedingt auf beliebiger Route das Dorf erkunden.

KLÖSTER SIND IMMER ETWAS GEHEIMNISVOLL

Berühmtes Zeugnis der Backsteingotik: Kloster Wienhausen.

KM 13

5 Nini's Café
Kuchenträume

Über Kopfsteinpflastergassen kurvt man langsam durch den Klosterort, in dem manchmal die Führung »1000 Schritte durch Wienhausen« angeboten wird (siehe Kloster-Website). Der Wienhauser Mühlenkanal versorgte die Mühlen im Dorf schon vor 200 Jahren mit Wasser von der Aller. Irgendwann landet man dann in diesem herzigen Café und kann sich nicht entscheiden: Zitrone-Baiser oder Käse-Kirsch-Schlupfkuchen? Aber auf jeden Fall mit Sahne. Und Cappuccino und eine Rhabarberschorle. (www.ninis-cafe-am-kloster.de) Die Eindrücke aus dem Kloster wirken vielleicht noch nach, oder man studiert den weiteren Tourenverlauf. Bis Gifhorn liegt noch ein ganzes Stück vor einem. Wem das zu lang ist, der kann von Wienhausen in einem Bogen über Eicklingen, Wathlingen und Nienhagen nach Celle zurückradeln.

Zurück zum Kloster. Rechts auf den Aller-Radweg, via Oppershausen und Offensen nach Schwachhausen, über die Aller, bei der ersten Gelegenheit rechts. Wieder über die Aller. Beschilderung nach Langlingen, über die Aller, dann Neuhaus und Nienhof. Im Ort links auf Im Wolfenkamp, rechts auf Am Sumpfkamp, links auf dem Mühlenrebenweg durch die Felder. Rechts auf der Landstraße nach Müden, rechts auf An der Kirche.

Schade, dass man nach einem Stück schon satt ist.

Schmuckstück: die alte Kirche in Müden.

KM 32,5

6 Heimatmuseum Müden (Aller)
Dorf-Nostalgie

Im Herbst wird zum Dreschfest geladen, am Ersten Advent zum Weihnachtsmarkt. Das alte Backhaus auf dem Gelände des Heimatmuseums ist an Veranstaltungstagen in Betrieb. Auf dem Hof steht Interessantes aus der Landwirtschaft vergangener Tage: ein Kartoffelanhäufelpflug, eine Schrotmühle, aber auch der Fluchtwagen einer Familie, die nach dem Krieg von Bessarabien nach Müden floh. Hinter einer kleinen Mauer steht die St.-Petri-Kirche in der Nachmittagssonne, eine der schönsten Dorfkirchen der Lüneburger Heide. Das Kirchenschiff ist ein verputztes Langhaus aus Backsteinen, eingerahmt von einem Querschiff und einem Kirchturm aus Fachwerk. In der spätgotischen Kirche wurden Wandmalereien aus dem 15. Jahrhundert freigelegt. (www.suedheide-gifhorn.de/poi/heimatmuseum-mueden-aller)

Beschilderung via Bokelberge und Wilsche nach Gifhorn (dabei die B 4 unterqueren). Auf der Lüneburger Straße links, rechts auf Cardenap durch die Altstadt. Links auf den Marktplatz. Über die Konrad-Adenauer-Straße, Beschilderung zum Schloss.

KM 47

7

Schloss Gifhorn

Noch ein Welfenschloss

Mühlensee und Schlosssee werden von der Ise gespeist, die kurz darauf in die Aller mündet. Die Stadt lag im Mittelalter strategisch günstig an der Kreuzung zweier Handelsstraßen: der Kornstraße zwischen Magdeburg und Celle und der Salzstraße zwischen Lüneburg und Braunschweig. Über die Ise verlief eine Furt. Die Burg, die später zum Schloss wurde, sicherte den Übergang. Von 1539 bis 1549 residierte hier Welfenherzog Franz, die letzten zwei Jahre mit seiner Gemahlin Clara. Als er an den Folgen einer Jagdverletzung starb, musste die junge Witwe das Schloss verlassen. Eine Brücke führt zum prächtigen Torhaus, ein Museum gibt Einblick in die Geschichte. (www.museen-gifhorn.de/historisches-museum-schloss-gifhorn) Vom Schlossrestaurant schaut man auf den See. (www.schlossrestaurant-zentgraf.de)

Wieder über die Konrad-Adenauer-Straße, auf die Schlossstraße, links auf den Steinweg Richtung Bahnhof Gifhorn (Achtung: nicht zu verwechseln mit dem Bahnhof Gifhorn Stadt!). Über den Schillerplatz, auf der Braunschweiger Straße immer geradeaus. Am Kreisverkehr links auf die Nordhoffstraße. (Weg zum Bahnhof zieht sich, genügend Zeit einplanen!)

EXTRA INFOS:

Es kann sein, dass der Radtag mit zwei Führungen zu lang wird. Wer nicht auf die erste Führung im Celler Schloss oder später auf die im Kloster Wienhausen warten möchte, hängt eine Nacht in Celle dran und holt eine von beiden am nächsten Tag nach. Schön gelegen ist die **Pension an der Aller** (www.familiedehn.de), daneben gibt es einen **Bootsverleih**. (www.allerleih-celle.de)

Einkehrmöglichkeiten auf dem Land haben oft erst ab 17 Uhr geöffnet. Der ● **Landgasthof Allerparadies** (mit Bootsverleih) bietet untertags Getränke aus einem Automaten an (Bänke am Fluss). (www.allerparadies.de) Ein Stück weiter sitzt man am Imbiss vom ● **Camping Resort Langlingen** auf einem Holzdeck am Teich. (www.camping-resort-langlingen.de) In der Nähe: das kostenlose ● **Naturbad Flotwedel** (Wienhausen, Lütersweg 3).

KM 51,5 » ZIEL

Bahnhof Gifhorn

Brücke und Torhaus zum Gifhorner Schloss.

ERLEBTE GLANZVOLLE ZEITEN UNTER HERZOGIN CLARA

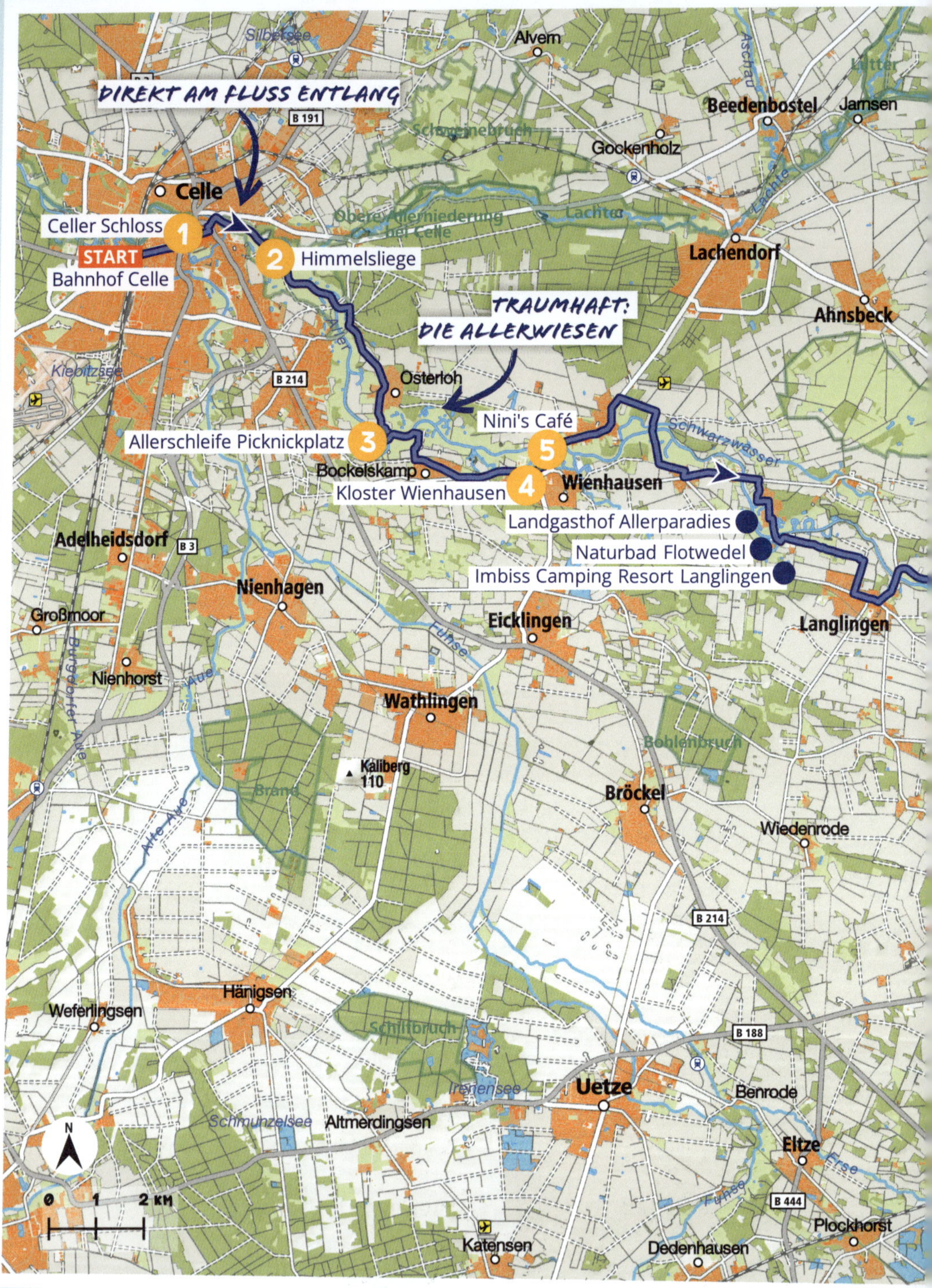

DIREKT AM FLUSS ENTLANG
TRAUMHAFT: DIE ALLERWIESEN
Celle
Celler Schloss
1
START
Bahnhof Celle
2
Himmelsliege
3
Allerschleife Picknickplatz
4
Kloster Wienhausen
5
Nini's Café
Landgasthof Allerparadies
Naturbad Flotwedel
Imbiss Camping Resort Langlingen
Alvern
Beedenbostel
Jarnsen
Gockenholz
Lachendorf
Ahnsbeck
Osterloh
Bockelskamp
Wienhausen
Langlingen
Adelheidsdorf
Nienhagen
Großmoor
Nienhorst
Eicklingen
Wathlingen
Kaliberg 110
Bröckel
Wiedenrode
Hänigsen
Weferlingsen
Altmerdingsen
Uetze
Benrode
Eltze
Plockhorst
Katensen
Dedenhausen
Schwarzwasser
Lachte
Aller
Fuhse
Aue
Alte Aue
Erse
Irenensee
Schmunzelsee
Kiebitzsee
Silbersee
B 3
B 191
B 214
B 188
B 444
N
0 1 2 KM

AUF EINEN BLICK:

- **Start:** Bahnhof Celle (25 – 27 Min. ab/bis Hannover Hauptbahnhof; 38 – 72 Min. ab/bis Bahnhof Lüneburg). Für Anreise mit dem Auto und Fahrradgepäckträger gute Parkmöglichkeiten auf dem Parkplatz Schützenplatz.
- **Ziel:** Bahnhof Gifhorn. (68 Min. zurück nach Celle, Umsteigen in Lehrte). Von Lehrte fährt auch eine S-Bahn nach Hannover. An Extra-Fahrradticket denken!
- **Strecke/reine Radelzeit:** 51,5 km (Streckentour), 4 Std. 30
- **Höhenmeter:** ↗35 m ↘17 m
- **Wegbeschaffenheit:** Hervorragend auf feinem Schotter oder kleinen asphaltierten Wegen, manchmal auf Radwegen an wenig befahrenen Straßen entlang.
- **Beste Zeit:** Frühling bis Herbst.
- **Mitnehmen:** Im Sommer Badesachen. Picknick, Getränke. Je nach Wetter Regensachen oder Sonnencreme.

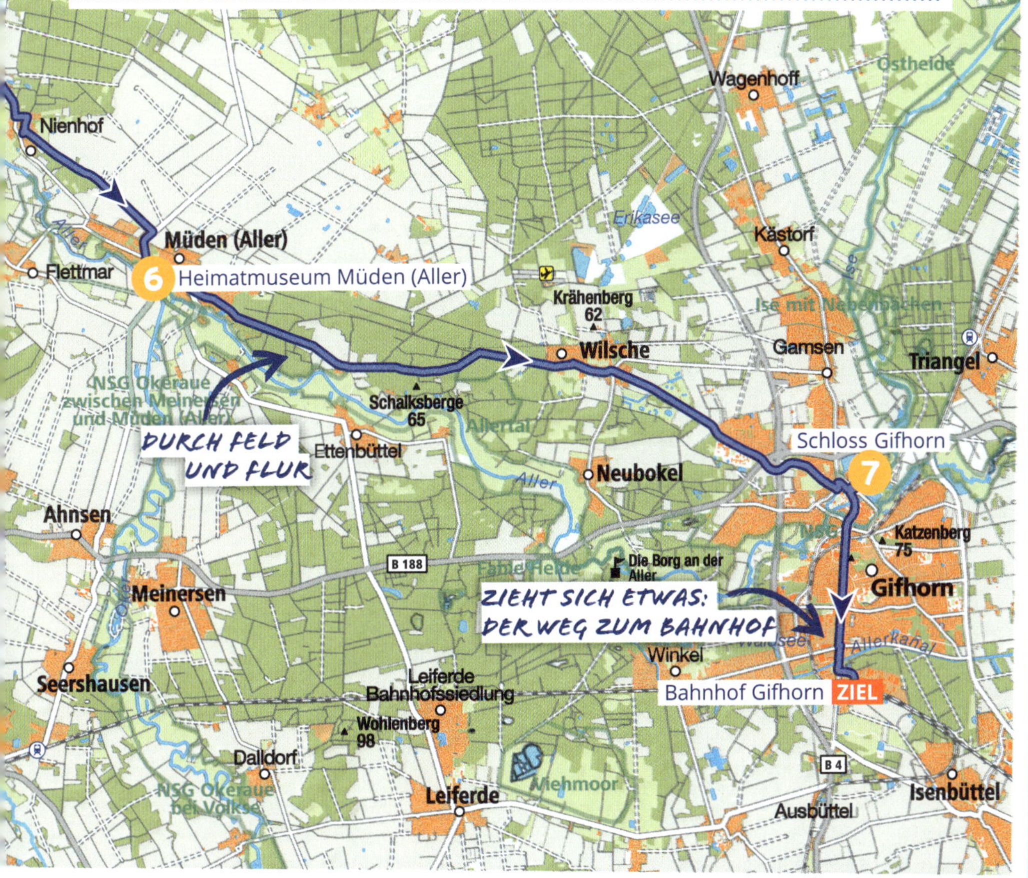

DIE RADELPAUSEN

» START
Zeetze, an der Kirche

KM 0
1 Zeetzer Mühle
Musikalisches Idyll

KM 1
2 Püggen
Rundling aus dem Bilderbuch

KM 6
3 Satemin
Erdbeerkuchen unter Kastanien

KM 16
4 Lüchow
Fachwerkstädtchen an der Jeetzel

18 Komm, lieber Mai …

Von Zeetze durch runde Dörfer im Wendland

Gärten, Hoffeste, Kunst und Handwerk, eingebettet in die Natur. Einst als Zeichen gegen das atomare Endlager in Gorleben entstanden, wird im Wendland einmal im Jahr an zehn Tagen das größte Kulturfestival Norddeutschlands gefeiert. Im übrigen Jahr ist es auf eine stillere Art mindestens genauso schön.

KM 21
5 Rundlingsmuseum Lübeln
Wendland-Geschichten

KM 25,5
6 Göttien
Wie aus einer anderen Zeit

KM 40
7 Diahren
Dorf und Königreich

KM 47,5 » ZIEL
Zeetze

BÄUME WISPERN: LASS DIR ZEIT, LASS DIR ZEIT

» Die Elbtalauen, Wälder, Wiesen und Felder wechseln sich im Wendland mit Rundlingsdörfern ab: alte Fachwerkhöfe, die um einen runden Platz gebaut sind. Das ist so schön, dass Lebens- und andere Künstler:innen hier Pforte an Pforte mit alteingesessenen Landwirt:innen leben.

Einmal im Jahr, zwischen Christi Himmelfahrt und Pfingsten, laden die Wendländer zur Kulturellen Landpartie (KLP) ein. Dann öffnen sie ihre Ateliers und Gärten in etwa 70 Dörfern. Scheunen werden zu Ausstellungsflächen, die Landfrauen backen Kuchen, und vor den Höfen wird gegrillt. All dies lässt sich am besten auf einer Radtour von Dorf zu Dorf erleben. Wie wäre es, den Tag mit einem Harfencrashkurs in der **Zeetzer Mühle** zu beginnen? Danach ist man eingestimmt auf einen Tag voll Inspiration.

In **Püggen** empfängt einen der erste runde Dorfplatz. Auf den Feldern wiegt sich das Getreide goldgrün im Wind, Kornblumen, Margeriten und Kamille wiegen sich mit. In **Satemin** findet sich ein schattiges Plätzchen, um die großen Höfe auf sich wirken zu lassen. Kastanien rahmen die Eingangstore. Ein Silberreiher fliegt auf und landet in einem Baum. **Lüchow** ist ein gemütliches Städtchen, durch das die Jeetzel fließt, in **Lübeln** reihen sich stattliche Fachwerkhöfe um ein Oval. An ihren Giebeln ragt der Wendenknüppel in die Höhe, ein verzierter Stab aus Holz oder Metall.

HEUDUFT VOM ERSTEN SCHNITT WEHT VON DEN WIESEN HERÜBER

Man fährt an Eichenalleen entlang, so geht es weiter von Dorf zu Dorf. In den Beeten blühen Akeleien in Rosa und Blau zwischen Bäumen sind Hängematten gespannt. In Küsten betreibt eine Hutmacherin ihr Atelier, in **Göttien** gibt es Crêpes. Am Dorfrand kräht ein Hahn und passt auf seine Hennen auf. Alles ist in Sonnenlicht getaucht.

Das schönste Dorf? Schwer zu sagen, vor allem, weil man an einem Tag längst nicht alle Rundlinge abfahren kann. Bezaubernd in seiner Mischung aus Idyll und Denkanstößen ist auch **Diahren**. Sind es die hohen Bäume, die malerischen Häuser, das Miteinander, die es so besonders machen? Vermutlich, wie so oft im Wendland, liegt es an allem zusammen. «

RADELN & GENIEẞEN

Verspielte Dörfer, für jeden ist etwas dabei.

» START
Zeetze, an der Kirche

Die Straße heißt wie das Dorf: Zeetze. Die Mühle hat die Hausnummer 11 und liegt zurückversetzt hinter einer alten Scheune, etwa 200 Meter von der Kirche entfernt. Geöffnet zu Veranstaltungen und bei der Kulturellen Landpartie (KLP).

KM 0

1 Zeetzer Mühle

Musikalisches Idyll

Flieder und Frühlingslieder auf der Harfe.

Eins gleich vorweg: Die beschriebenen Dörfer sind zu jeder Jahreszeit einmalig. Doch besonders lebendig sind sie während der KLP. Die historische Mühle in Zeetze wurde 1346 erstmals erwähnt, das heutige Gebäude 1794 erbaut. Der Müller mahlte früher nicht nur, sondern betrieb auch eine Brauerei, Gastwirtschaft und Landwirtschaft. Aus dieser Zeit stammt der historische Ballsaal, in dem die heutigen Besitzer der Mühle übers Jahr verteilt Konzerte, Theater und Harfenkurse veranstalten. (www.zeetzermuehle.de) Aber auch sonst ist das Backsteindorf sehenswert. Der runde Kern liegt etwas zurückversetzt von der Dorfstraße, an der man an einem Holzstand Biokartoffeln kaufen kann, darunter die rotschalige Luna Rossa und die blaue festkochende Anneliese.

Direkt hinter der Scheune links auf dem schmalen Weg nach Püggen (Vorsicht, übersieht man leicht). Rechts auf Püggen, bei erster Gelegenheit wieder rechts in den Rundling.

Stelldichein unter einem hohen Baum. Typisch Wendland.

KM 6

3 Satemin

Erdbeerkuchen unter Kastanien

Das Rundlingsdorf ist eine Augenweide, wenn auch an den Wochenenden der KLP recht voll. Am Markthof Satemin gibt's Kaffee und Kuchen. Dort kann man auch übernachten. (www.markthof-satemin.de) Während des Dorffests lässt man sein Rad vor dem Rundling stehen und schlendert von Stand zu Stand, bewundert bunte Stauden und feine Seifen, vor allem aber die Häuser mit ihren verzierten Inschriften. Satemin brannte 1850 fast vollständig nieder, ein Schicksal, das es mit vielen Wendlanddörfern teilte. Danach wurden die Höfe mit größerem Abstand zueinander wieder aufgebaut. Mauerwerk und Fachwerk sind in verschiedenen Farben angestrichen. Die Kirche aus dem 15./16. Jahrhundert liegt außerhalb des Dorfrunds. Vermutlich wurde es zu einer Zeit angelegt, als die Bewohner noch keine Christen waren.

Links an der Kirche vorbei aus dem Dorf. Auf der Ziegeleistraße die Güstritzer Teiche passieren. Dahinter links nach Klennow. L 261 queren, links in die Neritzer Dorfstraße. Rechts auf der Ochsenweide bis zur Jeetzel, über die Brücke. Dahinter gleich links, parallel zum Fluss bis zur nächsten Brücke. Diese überqueren, weiter bis zum Dorf Jeetzel. Rechts auf die L 261 (Jeetzeler Straße) bis Lüchow. Auf der Drawehner Straße in den alten Ortskern.

KM 1

2 Püggen

Rundling aus dem Bilderbuch

Schon nach dem ersten Kilometer lockt eine Pause in einem malerischen Rundling. Das einstige Hannoversche Wendland lag im Grenzgebiet der slawischen Stämme östlich der Elbe und des fränkisch-deutschen Reichs westlich des Stroms. Die Slawen besiedelten das Gebiet vom 7. Jahrhundert an, die ersten Rundlingsdörfer entstanden gegen 1150. Sie alle haben eine ähnliche Form, so auch Püggen. In der Mitte des Runds steht ein mächtiger Baum, oft eine Eiche, unter der Tisch und Bänke stehen, ideal um zu picknicken. Während der KLP finden im Dorf Ausstellungen und Workshops statt, es gibt Pizza aus dem Steinofen. Das restliche Jahr über ist das gastronomische Angebot auf dem Land hier sehr dünn, dann unbedingt Proviant mitnehmen.

Den Rundling nach rechts hin verlassen, an der Gabelung rechts halten Richtung Schwiepke. Dort rechts abbiegen Richtung Jabel, dabei vor Meuchefitz die L 261 queren. In Jabel zum runden Dorfkern fahren, dann links der Beschilderung nach Satemin folgen.

Inschriften erzählen die Geschichte der Höfe.

Kein Geheimtipp mehr, aber immer noch bilderbuchschön: Satemin.

KM 16

4

Lüchow

Fachwerkstädtchen an der Jeetzel

Zur Zeit Heinrichs des Löwen, 1203, wurde die Stadt erstmals erwähnt. Bis 1320 war die Grafschaft Lüchow eigenständig, dann ging sie in den Besitz der Herzöge von Braunschweig-Lüneburg über. Im Jahr 1811 brannte die Stadt komplett nieder, darunter auch das Lüchower Schloss. Glockenturm und Amtsturm erinnern noch an die historischen Zeiten. Im wieder aufgebauten alten Stadtkern reihen sich Fachwerkhäuser aneinander. Auf dem Marktplatz kann man im Ratskeller Los Latinos am plätschernden Springbrunnen essen. Die Statue zweier Frauen erinnert an die Zeit, als im Wendland Flachs angebaut und Leinen gewoben wurde. Die ehemaligen Grundmauern des Schlosses umgeben einen erhöht liegenden Platz. Dort kann man im Baumschatten sein Eis aus der nahen Eisdiele Cortina (Kirchstraße 2) schlecken.

Auf der Dannenberger Straße nach Westen aus Lüchow hinaus. Nach etwa zwei Kilometern links dem Feldweg bis Lübeln folgen.

Amtsturm: Überbleibsel des historischen Schlosses.

Theater, (Lebens-)Kunst, schlemmen, chillen.

KM 21

5 Rundlingsmuseum Lübeln

Wendland-Geschichten

Auch hier zieht sich eine Bank um einen alten Baum in der Dorfmitte. Willkommener Schatten an einem sonnigen Tag. Während der KLP gibt es Gegrilltes vom Auerochsen und Sanddorn-Limonade. An einem Stand wird Honig angeboten und Bärenfang-Honigschnaps. Das Lübelner Kartoffel-Hotel hat draußen Bierbänke aufgestellt. (www.kartoffel-hotel.de) Ein anderer Hof verkauft an Sonn- und Feiertagen Sauerteigbrot aus dem Steinofen. Das Lübelner Rundlingsmuseum ist an einer Hofstelle von 1733 untergebracht und erzählt Wendland-Geschichte. Historische Gerätschaften lassen erahnen, wie anstrengend es damals war, seine Felder zu bestellen. Es gibt eine alte Stellmacherei, Schmiede und Töpferei, im Bauerngarten sind Bienenstöcke aufgestellt. (nwp.rundlingsmuseum.de)

Auf Lübeln nach Süden aus dem Dorf hinausfahren. Bei erster Gelegenheit rechts Richtung Küsten. An der Straße An der Kirche rechts. In Küsten geradeaus über die Kreuzung, auf Göttiener Straße bis nach Göttien.

KM 25,5

6 Göttien

Wie aus einer anderen Zeit

Göttien ist eines der besterhaltenen Rundlingsdörfer im Wendland, es stammt vermutlich wie alle Dörfer des Niederen Drawehn (so heißt der nahe Höhenzug) aus den Jahren 1150–1200. Bei den alten Höfen handelt es sich um Vierständerhäuser,, das heißt, vier Ständerreihen aus Fachwerkbalken tragen die Dachkonstruktion. Eine Infotafel erzählt von der Dorfgeschichte. Bis 1825 wurde die Dorfallmende gemeinschaftlich bewirtschaftet. Zwei Backhäuser wurden gemeinsam betrieben, ein Kohlacker wurde ebenfalls von allen bewirtschaftet. Später im 19. Jahrhundert gab es drei sogenannte Vollhufner (Vollhöfe), zu denen etwa 25 Hektar Land gehörten, Acker, Wald und Wiesen. So spaziert man um den Platz und versucht sich vorzustellen, was die Häuser schon alles erlebt haben.

Göttien nach Norden verlassen, bei erster Gelegenheit rechts. Nach rund zwei Kilometern die K 8 queren. Hinter Beutow links, über Karmitz nach Krummasel, danach geradeaus weiter nach Tüschau-Saggrian. Im Dorf um die Linkskurve, dahinter links auf Tüschau. Wieder die K 8 queren, über Marlin und Zebelin nach Salderatzen. Auf dem Radweg ein Stück die B 493 entlang, bis nach Kniepenkrug. Dort rechts, Beschilderung nach Diahren.

Trubel in den Dörfern, die im restlichen Jahr völlig ruhig sind.

KM 40

7 Diahren

Dorf und Königreich

Nach einem Tag Wendland mag der ein oder die andere bereits davon träumen, in ein Dorf wie dieses umzusiedeln. Es gibt einen Milchschafhof, auf dem Käse und White Wendish Liquor, eine Likörspezialität aus Schafmilch, hergestellt werden, eine Glasgravur- und eine Geigenbauwerkstatt. Das Haus Nummer 2 wurde 1792 gebaut und ist damit das älteste in Diahren. Seine Besitzerin bietet ganzjährig Führungen an, auf denen man noch mehr über die Architektur und Geschichte der Häuser erfährt. (region-wendland.de/sehenswürdigkeit/rundlingsspaziergang) Während der Kulturellen Landpartie macht jemand vor einem Hof richtig gute Musik. Es duftet nach Gemüse aus dem Wok. Zuhörer:innen sitzen auf Bierbänken oder haben es sich auf Decken im Gras bequem gemacht. Die Bewohner:innen nennen ihr Dorf übrigens »Königreich«.

Auf Diahren den Rundling verlassen. Rechts abbiegen, um auf Diahren zu bleiben, dann gleich links und noch einmal links. Bis zum Sträßchen Püggen, dem man rechts bis ins gleichnamige Dorf folgt. Dort rechts, am Rundling vorbei, links auf dem kleinen Weg nach Zeetze.

EXTRA INFOS:

Die Tour ist relativ lang. Wer sich verbummelt, was in den wunderhübschen Dörfern leicht passieren kann, wählt eine Abkürzung zum Ausgangspunkt zurück. Das KLP-Programm ändert sich jedes Jahr, doch einige Klassiker bleiben. Es gibt online eine **Broschüre mit Routenvorschlägen**. (www.kulturelle-landpartie.de)

Im Wendland und der Elbtalaue gibt es einen **Fahrrad-Taxiservice**, der einen mit Rädern und Gepäck zum Ausgangspunkt einer Tour transportiert oder abholt. (www.mobil-vor-ort.de)

Wer länger im Wendland bleiben möchte, kann das gut auf ● **Hof Salderatzen**: in nachhaltig eingerichteten Zimmern, in bunt angemalten Bauwägen mit Hängematte vor der Tür, oder man stellt sein Zelt auf einer Wiese auf. Ein paar Stellplätze für Bullis gibt es auch. (eindingdermoeglichkeit.com/schlafen)

Abends so: Hätte man nur eine Unterkunft gebucht!

KM 47,5 » ZIEL

Zeetze

WEITER BLICK
WAS FÜR TOLLE ORTSNAMEN
FRISCH GESTÄRKT WEITER
WOGENDE FELDER
Tüschau
Saggrian
Krummasel
Karmitz
Beutow
Tolstefanz
Lübelner Mühlenbach
Oldemühle
Marlin
Nienhof
Kukate
Zebelin
Dorfkern Göttien
6
Göttien
Salderatzen
Hof Salderatzen
Groß Gaddau
Klein Gaddau
B 493
Küsten
Schlanze
Diahren
Königreich Diahren
7
Naulitz
Bausen
PRIESSECK
Gühlitz
Granstedt
Meuchefitz
Schwiepke
Seerau im Drawehn
Up de Haid
Bussau
Mittlere Dumme und Püggener Moor
Jabel
Guhreitzen
Püggen
Kremlin
2
Rundlingsdorf Püggen
Groß Sachau
Zeetzer Mühle
1
START & ZIEL
An der Kirche
Ganse
Köhlen
Lensian
Zargleben
Mammoißel
Köhlener Mühlenbach
Steine
Schreyahn
N
0
1
2 KM

AUF EINEN BLICK

- **Start/Ziel:** Zeetze liegt einsam und ist nicht ganz einfach zu finden. Die Rundtour kann von jedem der beschriebenen Dörfer aus gestartet werden. Die Orte im Wendland sind mit öffentlichen Verkehrsmitteln oft nicht gut zu erreichen. Während der KLP fährt an Wochenenden und Feiertagen ein kostenloser Rundbus (ohne Radtransport), der unter anderem in Zeetze, Lüchow und Diahren hält. Wer mit dem Auto und Fahrrad-gepäckträger anreist, parkt an ausgeschilderten Bereichen außerhalb der Dörfer. In einigen größeren Orten gibt es Park-and-Ride-Plätze, die Rundlinge bleiben autofrei. Von Uelzen (mit dem Metronom aus Lüneburg erreichbar) fährt die Buslinie 7000 nach Lüchow (begrenzte kostenlose Fahrradmitnahme).
- **Strecke/reine Radelzeit:** 47,5 km (Rundtour), 4 Std.
- **Höhenmeter:** ↗27 m ↘27 m
- **Wegbeschaffenheit:** Gut befahrbare Feld- und Schotterwege, kleine asphaltierte Sträßchen und Radwege.
- **Beste Zeit:** Frühling bis Herbst. KLP ist immer von Christi Himmelfahrt bis Pfingsten.
- **Mitnehmen:** Picknickdecke und außerhalb der KLP genügend Verpflegung, da es dann außer in Lüchow kaum Einkehrmöglichkeiten gibt.

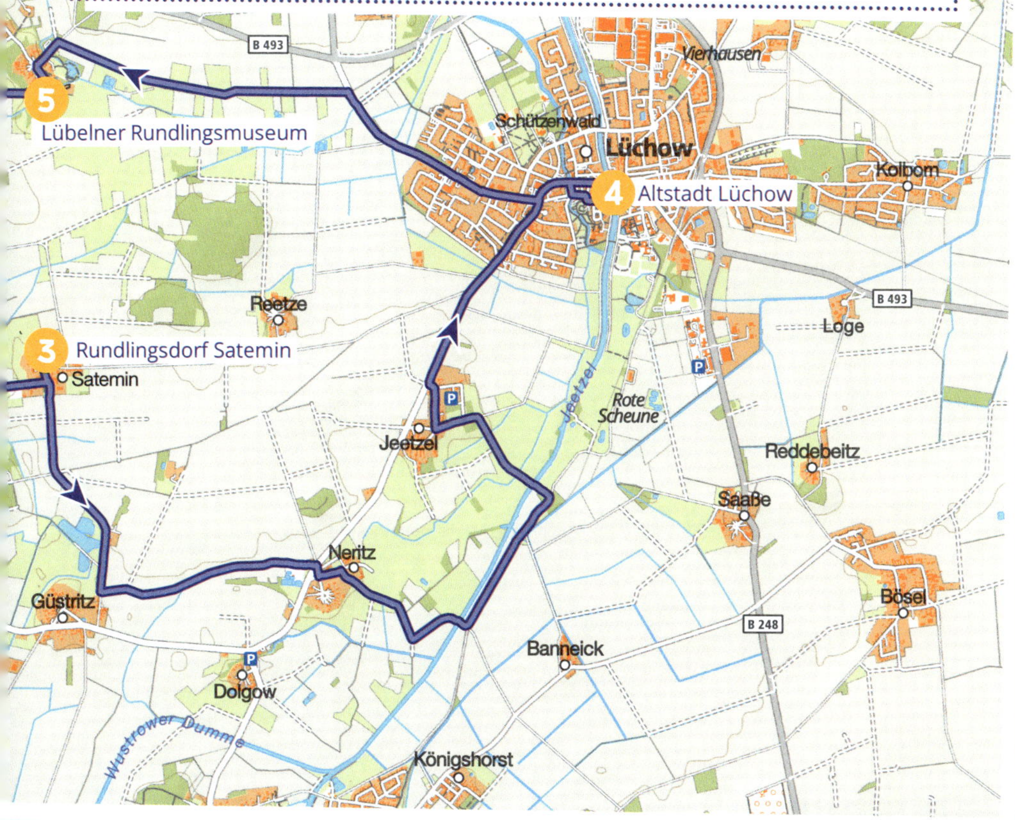

DIE RADELPAUSEN

» START
Bahnhof Dannenberg Ost

KM 3
1 Breese in der Marsch
Rau die ut

KM 5
2 Gümser See
Schilfrohrsänger

KM 9,5
3 Seedorf
Sonnenwiese

KM 13
4 Garten-Café Elbterrasse
Lieblingsplatz

19

IM ELBELAND

Von Dannenberg durch Elbtalauen und Marsch

Frösche, die um die Wette quaken. Lilien blühen im Gümser See, und Störche klappern in ihren Horsten. Rastplätze, um an der Elbe zu träumen, und ein Radweg, der oben auf der Deichkrone verläuft. Eine Weite, die tief durchatmen lässt. Der Kopf wird frei, schöner kann ein Tag kaum sein.

KM 21

5 Kiosk in Strachauer Rad

Kirschkuchen unter Kastanien

KM 25

6 Gaststätte Elbterassen

Dieser Blick!

KM 32,5

7 Altstadt Dannenberg

Vom Turm beschützt

KM 36 » ZIEL

Bahnhof Dannenberg Ost

JEDE RADTOUR HAT IHRE EIGENEN GERÄUSCHE

» In den Elbtalauen ist es das Quaken der Frösche. Mal laut, dann wieder leise, in verschiedenen Stimmhöhen mit unerwarteten Pausen, um plötzlich mit Geknarze wieder anzuheben – so tönt es aus den vielen sumpfigen Gräben. Aus Flutmulden, die bei Hochwasser von der Elbe mit neuem Wasser gefüllt werden. Und aus den Schilfgürteln an den Ufern von kleinen Seen und Bracks. Deiche ziehen sich durch den Landstrich, um ihn vor den Hochwassern von Elbe und Jeetzel zu schützen, was nicht immer geklappt hat.

Auf den Feldwegen pustet der Wind schon mal von vorne, dann rauscht es in den Blättern. In alten Bauerndörfern wie **Breese in der Marsch** rollt man langsam durch die schmalen Straßen, um ja nichts zu übersehen. Ein Fachwerkhof reiht sich an den nächsten, knallroter Mohn wärmt sich vor Backsteinmauern. In Gümse wartet am Ende des Dorfs der **Gümser See**.

AN DEN FELDRÄNDERN SUMMT ES IM HOLUNDER, HUNDSROSEN LEUCHTEN IN ZARTEM ROSA

An den Feldrändern summt es im Holunder, Hundsrosen leuchten in zartem Rosa. Wer auf der anderen, der Seedorfer Seite, zwischen Weiden und Schilf am Ufer verweilt, wird verschiedene Libellenarten entdecken. Ein Blesshuhn paddelt ohne Eile davon. In **Seedorf** wachsen Weinreben an der Südseite eines Hofs. In Damnatz erreicht man schließlich die Elbe, ein Dorf hinter dem Deich mit ganz eigenem Zauber – und einem **Garten-Café**.

Der Deich folgt dem Lauf des Stroms in großen Schleifen. Von oben blickt man weit über die abgemähten Wiesen. Getüpfelt von Tümpeln und Bracks, durchzogen von Altarmen, die in der Sonne glitzern. Am Jasebecker Ellbogen fährt man an Restbeständen ursprünglicher Auwälder entlang, eine magische Landschaft. Zwei Jungstörche klappern mit ihren Schnäbeln im Duett. Rinder dösen in der Mittagssonne. In Strachauer Rad steht ein **Kiosk** unter Kastanien. Die **Gaststätte Elbterrassen** in Wussegel wird in siebter Generation von derselben Familie betrieben.

Wieder Marsch, wieder Grün. In den Hecken zwitschert es, auf den Bracks schnattert es. Nienwedel, Grabau, Predöhlsau heißen die Weiler, durch die es zurück nach **Dannenberg** geht. An den Sommertagen im Norden ist es lange hell. «

Umgeben von Wildblumen: Fachwerkkirche in Damnatz.

Die Weite an den Elbwiesen ist berauschend.

Dornröschen-Dörfer hinterm Deich.

RADELN & GENIEßEN

Baumpersönlichkeit

» START

Bahnhof Dannenberg Ost

Der Straße Am Ostbahnhof folgen, rechts auf die Bahnhofstraße. An der Gartower Straße rechts bis zur Landstraße, gleich wieder rechts Richtung Penkefitz. Am Teich rechts auf den Breeser Weg. Etwa einen Kilometer, dann links auf Breese in der Marsch bis ins gleichnamige Dorf.

KM 3

1 Breese in der Marsch

Rau die ut

Weinumranktes Haus im Storchendorf.

An den Tagen nach Pfingsten sind die Hoftore mit jungen Birkenstämmen geschmückt. Auf einer Bank steht »rau die ut« (plattdeutsch für: »ruh dich aus«). Das trifft das Lebensgefühl, das sich hier einstellt: runterschalten, sich an den kleinen Dingen freuen, die es zu entdecken gibt. Dem Holzkasten am Gartenzaun, in dem selbst gemachter Sirup aus Holunderblüten angeboten wird. Dem Storchenpaar, das auf einem hohen Mast nistet. Auf den umliegenden Feuchtwiesen gibt es reichlich Nahrung für die Brut. Die Störche haben dort freie Sicht auf ihre Beute. Auf Tafeln ist liebevoll aufgezeichnet, an welchem Tag die großen Vögel im Dorf ankamen, wie viele Junge sie hatten und wann sie wieder gen Süden aufbrachen. Das Storchenpaar Harri und Hilde kehrte 13 Jahre lang zum Brüten nach Breese zurück.

Bis ans Dorfende, dann links nach Gümse bis zum Gümser See.

Frühsommer am See, der aus einem Altarm der Elbe entstand.

KM 5

2 Gümser See
Schilfrohrsänger

Auch wenn das größte Stillgewässer in der Dannenberger Marsch in einiger Entfernung zur Elbe liegt, so ist es doch ein Altarm des Stroms. Die kleine Bucht mit ihrem Strand ist von dichten Schilfgürteln eingerahmt, aus denen es in großer Lautstärke schnarrt. Der Schilfrohrsänger ist im dichten Gewirr der Halme nicht zu sehen, aber mit seiner originellen Lautfolge deutlich zu hören. Man kann sich ein Plätzchen im Schatten der mächtigen Bruchweide suchen. Auf den See blicken, auf dem Seerosen blühen, die gelben Wasserlilien bewundern, die in Ufernähe leuchten. Oder die Schuhe ausziehen und im klaren Wasser umherwaten. Eine Schwalbe fliegt tief, macht aber bekanntlich noch keinen Sommer, auch wenn es heute ganz danach aussieht.

Bis zur einzigen Kreuzung im Dorf zurück, dort rechts. Am Dorfende dem Feldweg bis zur Biogasanlage folgen. Rechts, wieder bis zum Gümser See, weiter bis Seedorf. Kurz hinter dem Dorf führt rechts an einer Weide ein Pfad zum See (nur zu entdecken, wenn man danach sucht).

KM 9,5

3 Seedorf
Sonnenwiese

Und wieder wartet ein kleiner Strand, versteckter und vielleicht noch idyllischer als der auf der anderen Seeseite, den Einheimischen wohlbekannt. Das Wasser steht hoch und reicht den Uferweiden bis weit über die Wurzeln. Wenn man sich nähert, springen die Frösche mit großem Platschen ins Nass. In den Schilfgürteln in Ufernähe finden Erdkröten, Moor- und Grasfrösche, Lurche und andere Amphibien ideale Bedingungen, ihren Laich abzulegen. Dabei sind die Laichballen der Laubfrösche nicht größer als eine Walnuss, während Molche ihre Eier in Blätter verpacken und Erdkröten ihre Laichschnüre im knietiefen Wasser um Pflanzenstängel wickeln. Im Sommer kann man hier Schwimmen gehen und danach eine Decke im Gras ausbreiten, picknicken und sich die Sonne ins Gesicht scheinen lassen.

Auf Seedorf rechts bis zur Landstraße, links, Beschilderung nach Damnatz. Am Elbdeich links dem Deich folgen, fortan auf dem Elberadweg.

Lilien, Frösche, Schilf – aber man kann ganz einfach daran vorbeischwimmen.

KM 13

4 Garten-Café Elbterrasse

Lieblingsplatz

Mächtig und selbstbewusst fließt die Elbe bei Damnatz eine Schleife. Unterhalb vom Café Elbterrasse kann man sein Fahrrad stehen lassen und über einen Pfad vor an den Strom gehen. Dort setzt man sich auf eine Buhne, so heißen die Steinwälle, die ins Wasser ragen. Der perfekte Platz, um an der Elbe vor sich hin zu träumen, die im Biosphärenreservat Niedersächsische Elbtalaue so frei fließen kann, wie in Europa kaum ein anderer Fluss. Ebenfalls eine grandiose Aussicht hat man vom Café aus. Man denkt kurz darüber nach, für den Rest des Tages zu bleiben. Es gibt guten Filterkaffee, auf der Karte steht »ohne Gedöns« (norddeutsch für: »hier gibt's keinen Latte Macchiato«). (garten-cafe-elbterrasse.business.site)

Immer, immer weiter am Deich entlang.

Einer der schönsten Kioske am Elberadweg.

Elbe, Kaffee, Buch: Die Pause wird länger.

KM 21

5 Kiosk in Strachauer Rad

Kirschkuchen unter Kastanien

Dass ein Kiosk auch ausgesprochen hübsch und einladend sein kann, beweist der Kiosk Kranichhof Krull. Die Sonnenschirme sind so grün wie das Blätterdach, unter dem sie stehen. Es gibt Kirschquarkkuchen, Matjesbrötchen und kalte Getränke. Man setzt sich in den kleinen Biergarten (bei Regen geschlossen, aktuelle Öffnungszeiten bei Google Maps) oder nimmt sich von dort etwas mit und fährt noch einmal durch die Wiesen vor zur Elbe. Dort sucht man sich eine Bucht, die man höchstens mit Angler:innen teilen muss. Vielleicht erspäht man einen Seeadler, mit einer Flügelspannweite von bis zu 2,40 Meter der König der Lüfte. Das Weibchen ist größer als das Männchen, und sie jagen vor allem Fische und Wasservögel.

Man folgt dem Lauf der Elbe weiter auf dem Deich.

Terrasse mit Aussicht, Fisch auf dem Teller.

KM 25

6 Gaststätte Elbterassen

Dieser Blick!

Wenn eine Rohrweihe über den Wiesen kreist, heißt es: Singvögel, nehmt euch in Acht. Auf der Tauben Elbe zieht ein Schwan seine Bahnen, eine Gänsefamilie mit ihren Küken achtet darauf, seinen Weg nicht zu kreuzen. Ein Tag auf dem Deich, in den Elbtalauen, im Vogelparadies beseelt, macht aber auch hungrig. Entweder man hebt sich seine Einkehr für später in Dannenberg auf oder man stoppt bereits hier. Dafür spricht zum Beispiel die windgeschützte Terrasse mit Blick auf die Elbe. Die Speisekarte ist traditionell. Im Juni gibt es Spargel und Scholle mit Speck. Oder man wagt sich an eine der deftigen Aalspezialitäten, die es in unterschiedlichen Variationen gibt: blau mit Sahnemeerrettich, grün mit Dillsoße oder geräuchert.

Rechts Richtung Hitzacker, bei erster Gelegenheit links Richtung Nienhagen. Am Dorfeingang links Richtung Grabau. Dort Beschilderung nach Predöhlsau. Auf gleichnamigem Sträßchen bis zur K13. Rechts Richtung Dannenberg bis Marschtorstraße. Diese führt in die Altstadt (Vorsicht: biegt dabei einmal links ab).

KM 32,5

7 Altstadt Dannenberg

Vom Turm beschützt

Die Alte Jeetzel fließt durch das Fachwerkstädtchen mit seinen alten Häusern. Im Alten Rathaus ist eine Ausstellung des Biosphärenreservats Niedersächsische Elbtalaue untergebracht. Dort gibt es Wissenswertes zu den quakenden, amphibischen Bewohnern der Elbauenlandschaft (Am Markt 5). Von der Dannenberger Burg, die später zum Schloss wurde, steht nur noch der Waldemarturm (erbaut etwa 1200). Seine geschwungene Haube ist schon von Weitem zu sehen. Die St.-Johannis-Kirche ist ein Blickfang aus der Backsteingotik. Im Restaurant Alte Post sitzt man auf einer Terrasse über der Alten Jeetzel. (www.alte-post-dannenberg.com) Mel's Café Liebevoll hält, was der Name verspricht, hat aber nur tagsüber offen: Stullen mit Lachs und Rote-Bete-Meerrettich, Frühstück und bezaubernde Küchlein. (liebevoll.cafe)

Am Parkplatz Schlossgraben links, über die Alte Jeetzel zum Thielenburger See. Links am Seeufer entlang. Am nördlichen Ende rechts auf Bäckergrund fahren, diesem folgen (biegt hinter dem Stadtbad links ab). Auf der Gartower Straße rechts, dann links auf Bellmannsfeld. Immer geradeaus bis zum Bahnhof.

KM 36 » ZIEL

Bahnhof Dannenberg Ost

Aus besonderem Holz geschnitzt, Tür in Dannenberg.

AUF EINEN BLICK:

- **Start/Ziel:** Bahnhof Dannenberg Ost (etwa 70 Min. ab/bis Lüneburg Bahnhof)
- **Strecke/reine Radelzeit:** 36 km (Rundtour), 3 Std. 30
- **Höhenmeter:** ↗7 m ↘7 m
- **Wegbeschaffenheit:** Meist Asphalt oder Schotter, gut zu fahren.
- **Beste Zeit:** Frühling und Sommer. Kann windig sein.
- **Mitnehmen:** Proviant, Handtuch und Badezeug, Sonnenbrille, Fernglas – an der Elbe immer.

FAST ZU SCHÖN, UM WAHR ZU SEIN
Bohnenburg
Elbe
Wilkenstorf
JASEBECK
Löcknitz
B 195
Rüterberg
LANDSATZ
IMMER AUF DEM DEICH ENTLANG
Mecklenburg-Vorpommern
Niedersachsen
BARNITZ
SCHLEIFEN AM STROM
Strachauer Rad
P
5 Kiosk Kranichhof Krull
4 Garten-Café Elbterrasse
PENKEFITZ
Penkefitzer See
DAMNATZ
Elbe
Taube Elbe
FRÖSCHE QUAKEN
Kamerun
Seedorf
3 Seedorf Badestelle
DAMBECK
2 Gümser See, kleiner Strand
Sipnitz
Breese in der Marsch
1 Breese in der Marsch
Quickborn
START & ZIEL Bahnhof Dannenberg Ost
Seybruch
Dannenberg
B 191
Nebenstedt
Splietau

DIE RADELPAUSEN

» START
Gartow, Parkplatz Hauptstraße

KM 2,5
1 Aussichtsplattform
So weit das Auge reicht

KM 8
2 Schwedenschanze
Über den Wipfeln

KM 11
3 Elbufer Vietze
Kiosk und Strand

KM 12
4 Höhbeck-Museum Vietze
Elbgeschichten

20 SCHAU INS LAND

Rundtour von Gartow über die Elbe und Nemitzer Heide

Die Seegeniederung ist ein kostbares Vogelschutzgebiet, vom Höhbeck hat man einen fantastischen Blick über die Elbe. Ein weißer Sandstrand, ein ehemaliges Schifferdorf. Man fährt an Deichen entlang, durch lichte Wälder, wandert durch die Nemitzer Heide. Zum Schluss lockt ein Bad im Gartower See.

KM 34,5
5 Trebeler Bauernstuben
Wendlandflair

KM 36
6 Nemitzer Heide
Schatzkammer der Natur

KM 49
7 Gartower See
Schwimmen macht glücklich

KM 50 » ZIEL
Gartow, Parkplatz Hauptstraße

GLOCKENKLÄNGE WEHEN HERÜBER ...

» Nicht weit entfernt von der Barockkirche steht das Gartower Schloss, ein romantischer Ort wie aus einer anderen Zeit. Unter Bäumen vor dem Schlosspark steht das moderne Gegenstück: der Bio-Imbiss Zur Schlossecke, vielversprechend, aber noch geschlossen. Also radelt man gleich auf dem Deich um den Gartower See. Die ersten Stand-up-Paddler sind schon unterwegs. Am Ufer sind Wiesenstreifen ausgemäht, auf denen es sich die ersten Sonnenanbeter:innen bequem machen. Man ist kurz in Versuchung, für den Rest des Tages dortzubleiben, aber dann fährt man doch erst einmal weiter.

ES DUFTET NACH KIEFERNHARZ UND BRENNNESSELN, AUF SANDIGEM BODEN WACHSEN HEIDENELKEN

Weiden säumen den See, Seerosen sind kurz vor dem Aufblühen. Von einem **Aussichtsturm** reicht der Blick weit in die Seegeniederung hinein. Über dem Grünland kreisen Rotmilane, manchmal auch Seeadler, in den Wiesen brüten Kiebitze und Bekassinen. Die weiten Wiesen mit ihren Flutmulden und Wasserläufen gehen in trockeneres Waldgebiet über. Man nähert sich dem Höhbeck, wie der 76 Meter hohe Höhenzug heißt, der vor etwa 230 000 Jahren durch die Gletscher der Saale-Eiszeit geschaffen wurde. Jahrtausendelang war er eine Geestinsel im Urstromtal der Elbe, die heute in einer sanften Schleife an seinem Fuß vorbeifließt.

An der **Schwedenschanze** steht ein 22 Meter hoher Aussichtsturm, von dem man einen atemberaubenden Blick über die Elbe hat. Am Hütten-Hotel Elbhöhe in **Vietze** schimmert der Strom schon etwas näher. Er hat die Geschichte des ehemaligen Schifferortes geprägt, das **Höhbeck-Museum** in der ehemaligen Dorfschule erzählt davon.

Gorleben, bekannt durch die Auseinandersetzungen um das Atomendlager, ist heute ein ruhiger Ort mit Storchennest. In Laase wartet ein Heuwender auf seinen nächsten Einsatz. Dörfer wie Liepe sind in die dünn besiedelte Feldmark getupft. Das Rundlingsdorf Marleben hat etwa 20 Einwohner, der Dorfplatz ist ein Bilderbuchidyll. In Trebel stehen die gleichnamigen **Bauernstuben**. Nicht weit entfernt liegt die **Nemitzer Heide**. Und an einem heißen Sommertag wartet in **Gartow** dann die Belohnung: Schwimmen im See. «

Manchmal fährt man wie in einem grünen Tunnel.

Reetdachhaus hinter den Deich geduckt.

In den Wintermonaten oft überflutet: die Seegeniederung.

RADELN & GENIEßEN

22 Meter, aber der Aufstieg lohnt sich, versprochen.

» START

Gartow, Parkplatz Hauptstraße

Parkplatz am Ortsausgang kurz vor der Brücke. Vom Parkplatz auf den Deich, links abbiegen, am Südufer entlang, den See umrunden bis zur Aussichtsplattform.

KM 2,5

1 Aussichtsplattform

So weit das Auge reicht

Die Wiesen der streng geschützten Seegeniederung stehen regelmäßig unter Wasser. Der Wechsel von Trocken und Nass macht sie so kostbar für seltene, teils bedrohte Tiere und Pflanzen. Hier leben Eisvogel und Drosselrohrsänger. Es wachsen Hunderte von Pflanzenarten, darunter Schwanenblume und Grabenveilchen. Im Winter sind die überschwemmten Wiesen Rastgebiet für nordische Zugvögel, darunter Sing- und Zwergschwäne, Saat- und Blessgänse. Auch das Westufer des Sees ist geschützt, hier schlängelt sich ein Abschnitt des alten Seegelaufs durch die Aue, Heimat von Fischotter und Biber.

Weiter über die Seegebrücke bis zur Landstraße. Links und beim Parkplatz wieder links zur vorchristlichen Kultstätte Woodhenge. Auf der Landstraße weiter. Vor Restorf links bis zur Deichstraße. Diese queren und – wichtig – rechts vom Seegedeich weiter. Auf Kleiweg rechts nach Brünkendorf. Kurz auf die Dorfstraße, rechts auf Zum Berge und Bergstraße bis Höhbecker Aussichtsturm und Café.

Weiden, Schilf und Tümpel: ein natürliches Mosaik.

KM 8

2 Schwedenschanze
Über den Wipfeln

Der Blick reicht weit in die brandenburgische Prignitz. Dichter Laubmischwald zieht sich den steilen Nordhang hinunter zur Elbe, die in der Sonne in kräftigem Blau leuchtet. Der Höhbeck war schon in der Steinzeit besiedelt, später hatte vermutlich Karl der Große dort das östlichste Kastell seines Frankenreichs. Von seiner Festung aus konnte er auf der anderen Elbseite in Lenzen die Slawenburg sehen. Beide Reiche waren zwar durch den Strom getrennt, dennoch wurde reger Handel getrieben. Die Elbe war breit, aber flach, und in der Gegend verliefen wohl zwei Furten. Nicht weit vom Aussichtsturm entfernt erinnert der Kaffeegarten Schwedenschanze an ein Hexenhäuschen. Im Garten sind bunte Tische und Stühle aufgestellt. (www.kaffeegartenschwedenschanze.de)

Denselben Weg wieder zurück, bei der ersten Abzweigung rechts, Beschilderung nach Vietze. Nach dem Ortseingang rechts auf Zum Heidberg, Am Elbufer links.

EINE LANDSCHAFT ZUM DURCHATMEN

Ein Elbstrand ganz für sich allein.

KM 11

3 Elbufer Vietze
Kiosk und Strand

Von Freitag bis Sonntag sind oberhalb der Elbe am Kiosk vom Hütten-Hotel Elbhöhe Liegestühle, Bierbänke und Tische aufgestellt (www.huetten-hotel.de). Wiesen ziehen sich vor zum Fluss, an dem sich unten ein heller Sandstrand erstreckt. Mit Glück hat man ihn ganz für sich allein. Nichts wie Schuhe aus und mit den Füßen ins Wasser! An heißen Tagen kann man vielleicht sogar eintauchen. Schwimmen sollte man nicht, die Strömung ist unberechenbar und sehr viel schneller, als sie aussieht. Wer ein Handtuch dabeihat, macht es sich für ein Picknick bequem und schaut zu, wie von der Brandenburger Seite Motorboote ablegen, Wasserskifahrer oder große Schlauchringe im Schlepptau. Sommer an der Elbe.

Am Elbufer bis Bergstraße. Rechts bis zum Museum Ecke Hauptstraße.

Ausstellung von der Steinzeit bis zur Neuzeit.

KM 12

4 Höhbeck-Museum Vietze

Elbgeschichten

In der Gegend wurden erstaunlich große Amphoren ausgegraben, Feuersteinklingen und Steinbeile aus der Steinzeit gefunden. Aber das Museum nimmt auch mit in die jüngere Geschichte von Vietze. Noch in den 1930er-Jahren arbeiteten fast alle Männer aus dem Dorf auf der Elbe, egal, ob als Schiffer oder Kapitän. Wenn sie in den Dampfern von Hamburg den Strom hinauffuhren, betätigten sie bei Gorleben die Schiffshupe. Dann wussten ihre Frauen, dass sie bald da sein würden, und brachten saubere Wäsche und Vorräte ans Ufer. Die Reise nach Prag war noch lang. Noch heute wird jährlich ein Schifferfest gefeiert. Man erfährt auch einiges über die einstige Leinenweberei auf dem Höhbeck sowie die wärmeliebende Flora und Fauna. (www.museum-vietze.de)

Rechts auf der Kapellenstraße über die Seege. Kurz dahinter rechts auf den Radweg. Via Meetschow nach Gorleben. Auf der Hauptstraße durch Gorleben. Auf dem Radweg an der Landstraße, nach etwa einem Kilometer rechts in den Wald. Gleich wieder links auf den Elbdeich nach Laase. Links auf Dünscher Weg nach Dünsche. Hinter Dünsche links, gleich wieder rechts nach Liepe. Links durch Felder nach Marleben. Über Klautze nach Trebel. Rechts auf die Hauptstraße, wieder rechts.

KM 34,5

5 Trebeler Bauernstuben

Wendlandflair

Die Gaststätte war während des Widerstands gegen das Endlager in Gorleben Treffpunkt der Atomkraftgegner. Die Wände der urigen Gasträume sind farbig bemalt, die Atmosphäre ist lässig, wie es zum Wendland passt. Manchmal finden Konzerte und Ausstellungen statt. In den Sommermonaten sitzt man vor dem Fachwerkhaus auf der sonnigen Terrasse und lässt sich die regionalen Köstlichkeiten schmecken, zum Beispiel von der Heidschnucke. (www.trebeler-bauernstuben.de) Die nahe Feldsteinkirche wurde 1250 gebaut und gilt als eine der ältesten im Lüneburger Sprengel, die Mauern sind bis zu 1,35 Meter dick. Die Kirche ist bekannt für ihre kostbare Barockorgel, die seit ihrer Fertigstellung 1775 unverändert geblieben ist.

Von der Hauptstraße links in die Nemitzer Straße bis zur Nemitzer Heide.

Wo der Ameisenlöwe lebt: Nemitzer Heide.

Hier passt alles: Ambiente, Terrasse, Essen.

KM 36

6 Nemitzer Heide
Schatzkammer der Natur

1975 wütete im Gartower Forst ein katastrophales Feuer. Danach entstand auf dem Gebiet eine 550 Hektar große Heidefläche. Die Samen der Besenheide können mehrere Hundert Jahre im Boden überdauern. In dem sandigen Boden kommt man mit dem Rad keinen Meter voran. Man lässt es am besten am Parkplatz am Heidehaus stehen und wandert auf einem der drei Rundwege in die Heide. Dort lebt der Ameisenlöwe, der im Sand für seine Beute kleine Fangtrichter baut. Oder das Kleine Nachtpfauenauge, dessen Raupe sich von der Besenheide ernährt. Auch der Wendehals, eine von knapp 87 Vogelarten, der mit seiner langen, klebrigen Zunge Ameisen fängt. Im Nemitzer Heidehaus sollte man unbedingt die Ausstellung »Feuer, Heide – neues Leben« besuchen. Und danach einen Eiskaffee genießen. (www.nemitzer-heidehaus.de)

Nach Trebel zurück, an der Hauptstraße rechts. Der Radweg nach Gartow führt zehn Kilometer an der B 498 entlang. Überraschenderweise ist das okay. Kaum Verkehr, im Wald Heide und Kiefern, und man macht ordentlich Strecke. In Gartow am Anfang der Hauptstraße links in die Rosengasse, am Restaurant Seeterrassen auf den Deich. Links 700 Meter bis zum Südstrand.

KM 49

7 Gartower See
Schwimmen macht glücklich

Der See, durch den die Seege fließt, wurde in den 1970er-Jahren künstlich angelegt. Längst fügt er sich nahtlos in die Elbtalaue ein. Schnell ist das Handtuch auf der Wiese ausgebreitet, an dem kleinen Sandstrand mit Umkleidekabine heißt es: nichts wie rein. Schon nach den ersten Zügen merkt man, wie angenehm das Wasser ist. Erfrischend, aber warm genug, um ein Stück hinauszuschwimmen. Nach einem Tag auf dem Rad eine völlig andere Perspektive: Libellen flitzen einem dicht an der Nase vorbei, Vögel schwirren hintereinander her, verschwinden im Schilf und schlüpfen an anderer Stelle wieder hinaus. Enten tauchen kopfüber unter, andere starten mit Geflatter. Weiden bewegen ihre Blätter ganz sacht, und die Abendsonne malt eine Straße auf den See, die beim Zurückschwimmen fast blendet.

Auf dem Deich zum Parkplatz zurück.

Schöner kann ein Radtag nicht enden.

KM 50 » ZIEL

Gartow, Parkplatz Hauptstraße

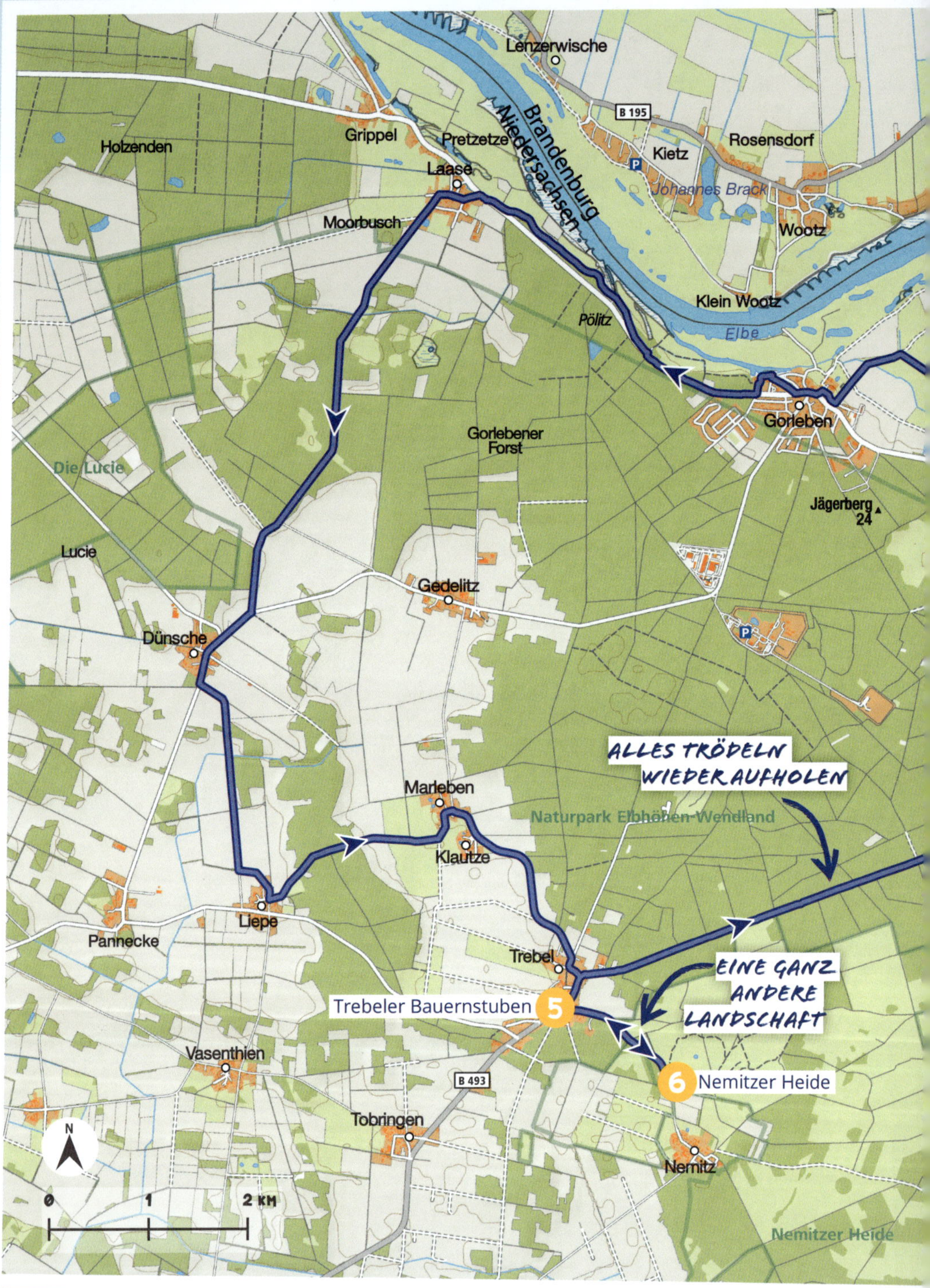
Lenzerwische
B 195
Brandenburg
Niedersachsen
Holzenden
Grippel
Pretzetze
Laase
Kietz
Rosensdorf
Johannes Brack
Wootz
Moorbusch
Klein Wootz
Pölitz
Elbe
Gorleben
Gorlebener Forst
Die Lucie
Jägerberg 24
Lucie
Gedelitz
Dünsche
ALLES TRÖDELN WIEDER AUFHOLEN
Marleben
Naturpark Elbhöhen-Wendland
Klautze
Liepe
Pannecke
Trebel
EINE GANZ ANDERE LANDSCHAFT
Trebeler Bauernstuben
5
Vasenthien
B 493
6
Nemitzer Heide
Tobringen
N
Nemitz
0
1
2 KM
Nemitzer Heide

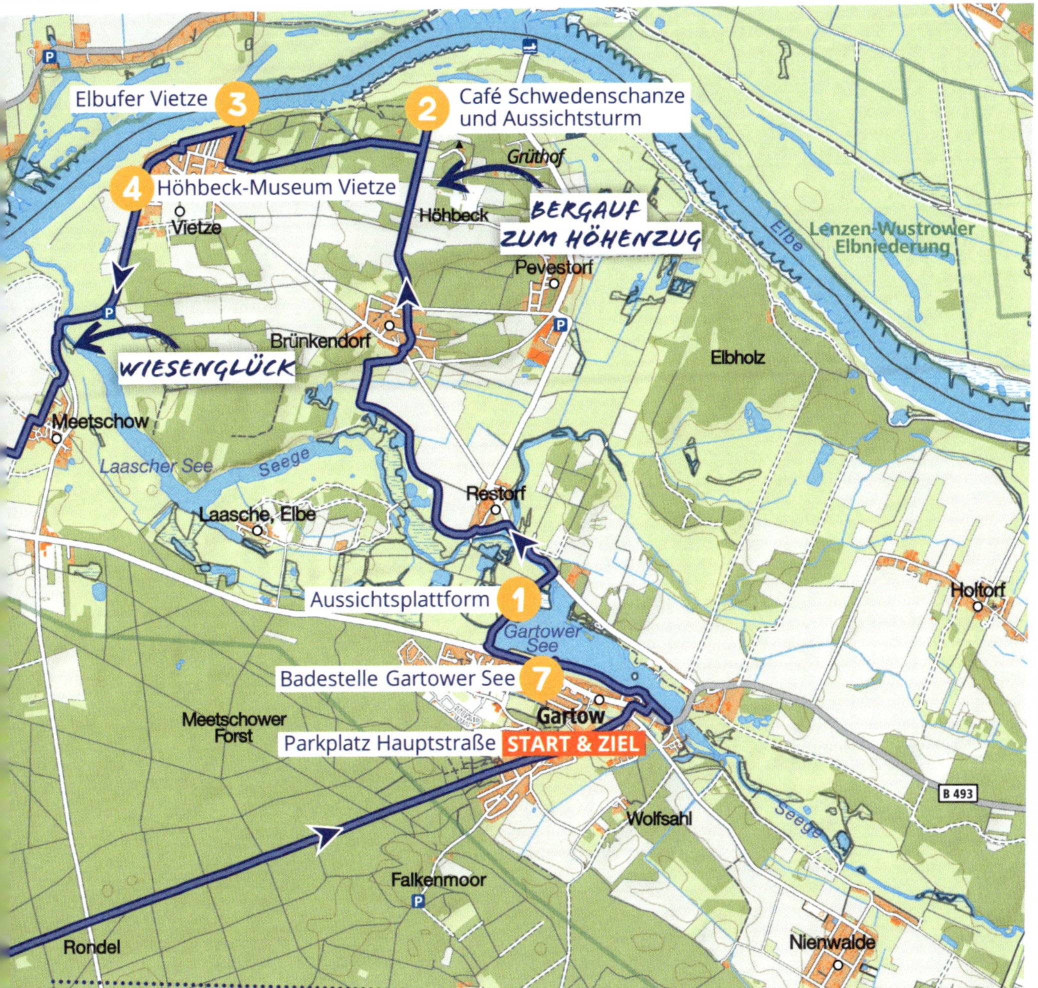

AUF EINEN BLICK:

- **Start/Ziel:** Parkplatz in Gartow an der Hauptstraße vor der Seegebrücke. Anreise mit Auto und Fahrradgepäckträger (etwa 1 Std. 20 Min. ab/bis Lüneburg)
- **Strecke/reine Radelzeit:** 50 km (Rundtour), 4 Std., eher mehr.
- **Höhenmeter:** ↗224 m, ↘224 m
- **Wegbeschaffenheit:** Asphalt oder Schotter. Am besten auf dem Radweg bleiben, andere Wege können zu sandig sein.
- **Beste Zeit:** Frühling bis Herbst. Winter ist sicher auch sehr stimmungsvoll, dann mit Mütze, Handschuhen und dickeren Schuhen.
- **Mitnehmen:** Fernglas, Badezeug und Handtuch, unbedingt genügend Getränke und Verpflegung. Unter der Woche haben viele Einkehrmöglichkeiten geschlossen.

AUCH NOCH GANZ NÜTZLICH

ORTSREGISTER

IMPRESSUM

» **Text:**
Alexandra Schlüter, Salzhausen; www.alexandra-schlueter-books.de

» **Cover- und Buchgestaltung:**
Carolin Weidemann, Köln, www.weidemann-design.com

» **Lektorat & Produktion:**
Verlagsbüro Wais & Partner, Stuttgart, www.wais-und-partner.de

» **Fotos:**
Titelfoto: Dave Derbis / HUBER IMAGES;
Fotos Innenteil: Alexandra Schlüter außer S. 2, Autorenfoto: Manolo Ty; S. 31, unten rechts (Eis): Christina Opeldus; S. 79, unten rechts (Kühe auf der Wiese): Ulrike Fehling

» **Kartografie:**
©KOMPASS-Karten GmbH, kompass.de unter Verwendung von © OpenStreetMap Contributors, osm.org/copyright

» **S. 222/223:**
Marie Geißler (Illustration), Jens Bey (Text)

Printed in Poland

1. Auflage 2024

ISBN 978-3-616-03278-8

www.dumontreise.de

FSC www.fsc.org MIX Paper from responsible sources FSC® C139602

RECHTS ODER LINKS? IMMER WISSEN, WO'S LANGGEHT!

» *TOURENVERLAUF*

GPX-Daten zum kostenlosen Download
https://www.dumontreise.de/radelzeit/lueneburger-heide

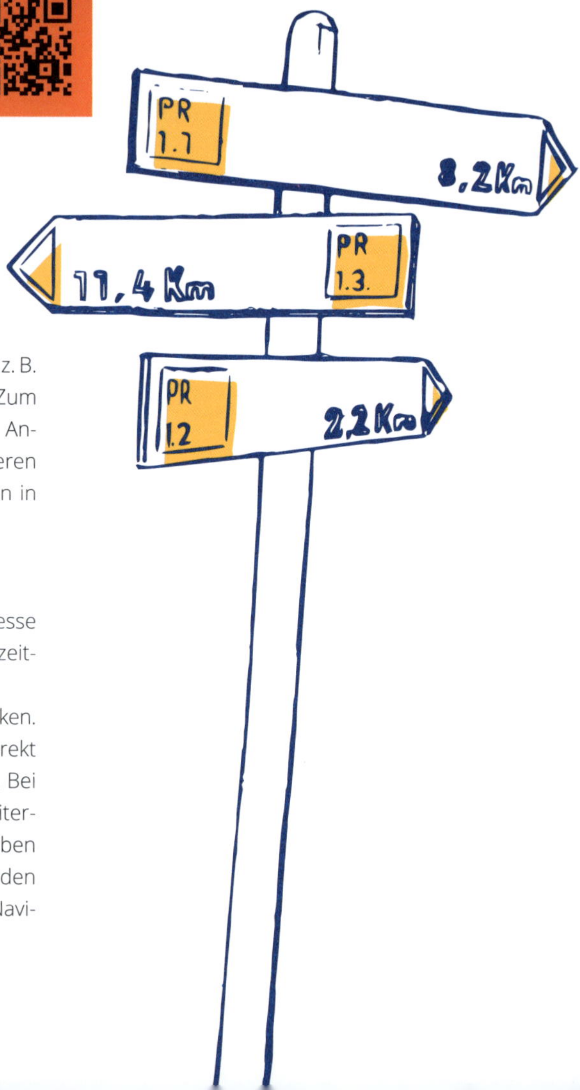

GPX-DOWNLOAD AUFS SMARTPHONE – SO GEHT'S

» **Voraussetzung:**

Eine Outdoor-App muss installiert sein, z. B. KOMPASS, Outdooractive oder Komoot. Zum Einlesen des QR-Codes benötigen ältere Android-Geräte eine QR-Code-App. Bei neueren Android- und iOS-Geräten ist diese Funktion in der Kamera integriert.

» **Daten downloaden:**

1. Den QR-Code einlesen oder die Webadresse im Browser eingeben, um auf die Radelzeit-Website zu gelangen.
2. Die gewünschte Tour zum Download anklicken.
3. Bei iOS-Geräten werden die GPX-Daten direkt mit der vorab installierten App verknüpft. Bei Android-Geräten muss ggf. noch ein Weiterleiten-Button geklickt werden (z. B. oben rechts im Display). Manche Apps zeigen den Tourverlauf starr an, andere haben eine Navigationsfunktion dabei.

WEITERRADELN ...

ISBN 978-3-616-03197-2

ISBN 978-3-616-03195-8

ISBN 978-3-616-03189-7

ISBN 978-3-616-03196-5

ISBN 978-3-616-03188-0

YOGA FÜR DAVOR UND DANACH

SCHMETTERLING

» Setze dich auf den Boden und lege die Unterseiten deiner Füße aneinander, indem du die Knie nach außen fallen lässt. Nun langsam, ohne viel Kraft, nach vorne lehnen und die Füße mit den Händen umschließen. Entspannt drei Minuten in der Position bleiben, langsam und tief durch die Nase ein- und ausatmen. Um die Übung zu verlassen, die Hände neben bzw. hinter den Körper legen, langsam ein Bein nach dem anderen ausstrecken und nach vorne bringen.

HÖR AUF DEIN HERZ

» Lege dich rücklings auf den Boden, ziehe die Knie an und stelle die Füße flach auf den Boden. Lass jetzt die Knie zur Seite fallen und bring die Fußsohlen zusammen. Lege eine Hand auf deinen Bauch und eine Hand in die Nähe deines Herzens. Schließe deine Augen, atme tief ein und aus und halte die Position mindestens 30 Sekunden lang.

KATZENBUCKEL

» Gehe auf alle viere, die Knie direkt unter der Hüfte. Handgelenke, Ellenbogen und Schultern liegen auf einer geraden Linie, die Arme sind gestreckt, der Kopf in Verlängerung des Rückens mit Blick nach unten. Mache mit dem Ausatmen den Rücken rund, der Kopf geht Richtung Boden, wird aber nicht auf die Brust gepresst. Während des Einatmens wandert dein Bauchnabel in Richtung Boden, hebe gleichzeitig den Kopf. Wiederhole die Übung mehrmals.

ZURÜCKGELEHNT

» Knie dich auf den Boden, mit den Oberseiten deiner Füße auf dem Boden. Bring die Knie zusammen, dein Gesäß geht langsam zum Boden, deine Füße rutschen zur Seite und kommen neben deinen Hüften zu liegen. Schiebe mit den Händen deine Oberschenkel nach innen, lehne dich zurück auf deine Unterarme und lege den Oberkörper langsam ab. Halte die Position für mindestens 30 Sekunden.

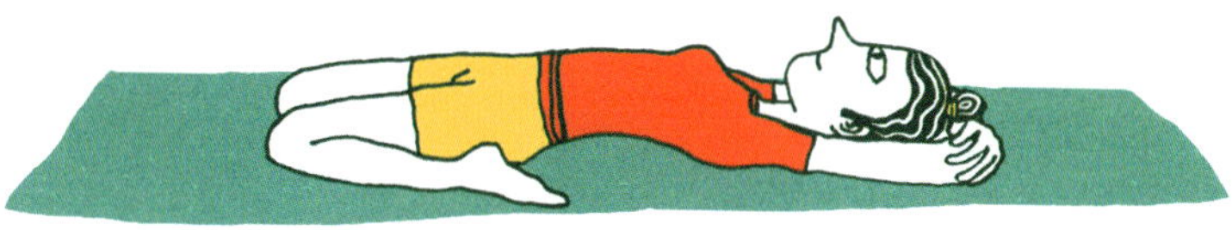

DIE PERFEKTE TOUR ...

#FÜR SONNENHUNGRIGE

Weite Heideflächen, Waldlichtungen. Die Sommer in der Lüneburger Heide sind oft ziemlich trocken und warm, jeder Rastplatz ist dann ein Sonnenplatz.

» **TOUR 11, S. 114**

#FÜR NEUGIERIGE

Hinter Klostermauern verbergen sich geheimnisvolle Welten voller Geschichte(n) und Kunstschätze. So auch im Kloster Ebstorf mit seiner Weltkarte.

» **TOUR 10, S. 104**

#FÜR WASSERRATTEN

Im Elbe-Seitenkanal darf man wegen des Schiffsverkehrs nicht schwimmen. Aber die Tour führt an zwei Seen vorbei, an denen man Badepausen einlegen kann.

» **TOUR 9, S. 94**

#FÜR LECKERMÄULER

Wenn man möchte, kann man unterwegs die ganze Zeit schlemmen. Das erste Mal in Winsen am Deich, unterwegs an der Ilmenau, zum Ausklang in Lüneburg.

» **TOUR 7, S. 74**

#FÜR FAULE

Die Tour ist nicht lang. Sie ist flach, wie's in der Elbmarsch so ist, und daher leicht zu fahren. Mit einer Einschränkung: Der Wind darf nicht zu stark wehen.

» **TOUR 6, S. 64**